제자로 살고 있습니까?

제자로 살고 있습니까?

지은이 | 이기훈
초판 발행 | 2025. 6. 18
등록번호 | 제1988-000080호
등록된 곳 | 서울특별시 용산구 서빙고로65길 38
발행처 | 사단법인 두란노서원
영업부 | 2078-3333   FAX | 080-749-3705
출판부 | 2078-3331

책 값은 뒤표지에 있습니다.
ISBN 978-89-531-5122-2 03230

독자의 의견을 기다립니다.
tpress@duranno.com   http://www.duranno.com

ⓒ 이 출판물은 저작권법에 의해 보호를 받는 저작물이므로
무단 전재와 무단 복제, 무단 사용을 할 수 없습니다.

두란노서원은 바울 사도가 3차 전도여행 때 에베소에서 성령 받은 제자들을 따로 세워 하나님의 말씀으로 양육하던 장소입니다. 사도행전 19장 8-20절의 정신에 따라 첫째 목회자를 돕는 사역과 평신도를 훈련시키는 사역, 둘째 세계선교(TIM)와 문서선교(단행본·잡지) 사역, 셋째 예수문화 및 경배와 찬양 사역, 그리고 가정·상담 사역 등을 감당하고 있습니다. 1980년 12월 22일에 창립된 두란노서원은 주님 오실 때까지 이 사역들을 계속할 것입니다.

* 일대일 제자양육 그 이후 *

제자로 살고 있습니까?

이기훈

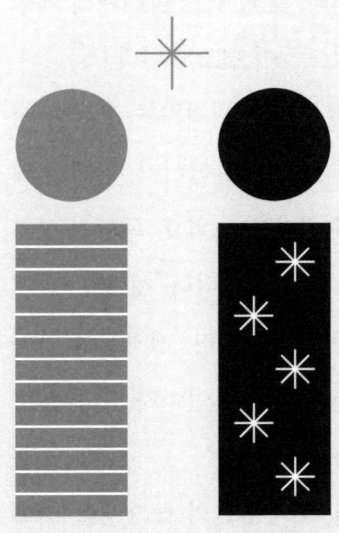

두란노

추천의 글

급변하는 시대정신, 세속화의 물결, 신앙의 혼란 속에서 우리에게 가장 절실히 요구되는 것은 '제자도'의 회복입니다. 단순히 교회에 출석하는 교인이 아니라, 삶의 모든 자리에서 예수 그리스도의 참 제자로 살아가는 성도들이 필요합니다.

이기훈 목사님의 책 《제자로 살고 있습니까?》는 그러한 시대적 요청에 명쾌하고도 실제적인 답을 제시합니다. 일대일 제자양육 사역을 통해 수많은 성도를 제자로 세워 온 목회적 경험과 영적 통찰이 이 책 곳곳에 깊이 배어 있습니다. 이 책은 단지 일대일 제자양육을 소개하는 지침서가 아니라, 제자로 살아가는 삶의 본질을 성경적으로 풀어낸 복음적 선언이자, 모든 성도와 교회를 향한 간절한 호소입니다.

한국 교회의 영적 민낯 앞에서, 제자훈련의 중요성을 더욱 절실히 느끼는 우리에게 이 책은 시의적절한 하나님의 음성처

럼 다가옵니다. 단단한 음식으로 영적 장성을 이루고, 그리스도의 다스리심 아래 살아가는 삶, 바로 그것이 이 책이 제시하는 제자의 길입니다.

온누리교회는 창립자 하용조 목사님의 비전을 따라 큐티와 일대일 제자양육을 교회의 DNA로 삼아 지금까지 달려왔습니다. 그 사역의 풍성한 열매가 이 책 속에 담겨 있다는 사실이 매우 감격스럽습니다. 이기훈 목사님의 헌신과 수고에 깊은 감사를 드리며, 이 책이 한국 교회에 제자훈련의 새로운 바람을 일으키고, 모든 성도가 제자의 삶을 살아가는 데 귀한 나침반이 되기를 소망합니다.

온누리교회 위임목사 **이재훈**

서문

일대일하면 행복합니다

온누리교회는 설립자이신 고 하용조 목사님께서 마음속에 품고 있던 두 가지 질문에서 출발하였다.

첫째, 선교단체들은 말씀 묵상과 기도로 하나님과 인격적으로 교제하면서 신앙생활을 하도록 훈련하는데 왜 한국 교회는 교회만 열심히 다니는 교인으로 살도록 가르치는가?

둘째, 선교단체들은 예수님의 제자로 살도록 철저하게 훈련시키는데 왜 한국 교회는 교회 봉사만 열심히 하도록 가르치는가?

온누리교회는 이 두 가지 질문의 답인 큐티와 일대일 제자양육을 교회의 DNA로 삼고 지난 40년간 달려왔다. 그 결과 모든 성도가 하나님과 인격적인 교제 안에서 신앙생활을 하고 있으며, 삶의 현장에서 예수님의 제자로 살아가고 있다.

지난 40년간 하나님께서 일대일 제자양육을 통해 온누리교

회에서 행하신 놀라운 일들을 살펴보고 그 열매를 나누고자 이 책을 발간하게 되었다. 존경하는 고 하용조 목사님께 이 책을 바친다. 그리고 사랑하는 이재훈 목사님과 일대일 제자양육을 헌신적으로 섬기는 모든 사역자들과도 출판의 기쁨을 나누고자 한다.

또한 언제나 목회 사역에 매진할 수 있도록 묵묵히 지원을 아끼지 않는 사랑하는 아내 권은주와 존재만으로도 기쁨이 될 뿐 아니라 항상 아빠를 응원해 주는 사랑하는 아들 온유와 양선 그리고 가족이 되어 준 지현과도 기쁨을 나누길 원한다.

서빙고에서 **이기훈**

Contents

추천의 글 ——————————————— 4
서문 ——————————————————— 6

CHAPTER

1. 제자훈련이 필요한 때이다 — 11

2. 일대일 제자양육과 영적 성장 — 25

3. 일대일 제자양육과 치유와 회복 — 83

4. 일대일 제자양육과 큐티 — 113

5. 어린이 일대일 제자양육과 자녀교육 — 133

CHAPTER

제자훈련이 필요한 때이다

예수님은 3년의 공생애 기간 동안 여러 가지 사역을 하셨지만 그중에서도 가장 집중하신 것이 제자훈련이었다. 복음서에는 예수님의 훈련 대상자들로 12명의 제자(눅 9:1-2)와 70인의 제자(눅 10:1)가 기록되어 있다.

예수님은 왜 제자훈련에 집중하셨을까? 예수님의 의도는 주님이 승천하신 후에 세워진 예루살렘 교회에서 그대로 드러났다. 예수님의 제자들은 성령의 능력으로 초대교회인 예루살렘 교회를 개척한 뒤 예수님으로부터 배운 대로 교인들을 예수님의 제자로 훈련시켰다. 당시 교인이 되었다는 것은 곧 예수님의 제자가 되었다는 것을 의미했다. 그래서 사도행전은 "믿는 사람의 수 혹은 구원받는 자 수가 날마다 늘어났다"(행 2:41, 47, 4:4, 5:14)라고만 표현하지 않고 "날마다 제자의 수가 늘어났다"(행 6:1, 7)라고도 표현했다.

성령을 체험한 사도들에게서 예수님께로부터 배운 제자도가 그대로 살아났다. 만약 사도들이 제자로 훈련되지 못했다면 교회를 세우는 일과 목숨을 위협하는 유대인들의 핍박 속에서 신앙을 지키는 일은 불가능했을 것이다. 이것은 제자훈련은 성령의 역사와 병행되어야 한다는 것을 의미한다. 제자도가 있어야 성령의 역사가 일어나고 성령의 역사가 있어야 제자도가 살아닐 수 있는 것이다. 사도들은 예수님이 의도하신 대로 제자훈련을 목회 사역의 중심으로 삼았다. 그리고 그들이 행한 제자훈련의 열매는 스데반 집사의 순교 이후 예루살렘에서 각 지역으로 흩어진 제자들에 의해서 증명되었다. 결과적으로 보면 제자들은 죽음이 두려워서 예루살렘을 떠난 것이 아니었다. 예수님의 명령대로 땅끝까지 복음을 전하고 도처에 교회를 세우기 위해 떠난 것이었다. 그리고 스데반의 순교는 예수님의 유언이 실행되는 도화선이 되었다.

당시의 시대 상황은 어떤 핍박 중에도 믿음을 지키며 복음을 전하는 제자가 필요한 때였다. 그랬기에 예루살렘 교회는 단순히 성도를 배출한 것이 아니라 예수님의 제자를 배출한 것이었다. 초대교회 성도들은 철저하게 예수님의 제자로 살았기 때문에 목숨이 위협받는 극심한 위기 가운데서도 신앙을 지킬 수 있었다. 심지어 신앙을 죽음과 맞바꾸는 것도 두려워하지 않았다.

제자는 훈련을 통해서 탄생한다. 그래야만 그 제자가 하나님의 뜻을 이 땅에서 이루면서 살아갈 수 있다. 그러므로 성도는 제자로 부름받았다는 사실을 결코 잊어서는 안 된다.

제자훈련이 필요한 현대 사회의 그리스도인

성도는 교인이 아니라 제자로 살도록 훈련받아야 한다. 그 이유를 살펴보면 다음과 같다.

코로나19로 얻게 된 교훈

코로나19 팬데믹은 우리의 신앙을 테스트하는 시험지였다. 코로나19는 영적인 쓰나미와도 같았다. 교회와 성도는 그 영적인 쓰나미를 겪으며 자신의 신앙의 성숙도를 알게 되었다. 교회와 교인은 대면과 비대면의 상황을 오락가락하면서 한 번도 경험해 보지 못한 교회 생활에 적응해야 했다.

대면 예배가 금지되고 교회를 중심으로 진행되던 모든 신앙 활동이 멈추게 되자, 제자로 훈련된 성도와 교회 생활만 하던 성도들 간에 차이가 드러나기 시작했다. 매일 말씀을 묵상하며 하나님과 영적인 교제를 나누던 성도들은 팬데믹 기간 동안 오히려 영적으로 성장했다. 사적 모임이 금지되고 일상이 단순해지면서 기도와 묵상, 경건을 위한 시간이 확보되었고 이를 통해 영적 성장을 이룩할 수 있었던 것이다. 반면에 평소 기도와 묵상, 경건의 훈련이 되지 않은 교인들은 팬데믹이 가져온 영적 쓰나미에 그대로 노출될 수밖에 없었다. 제자로 훈련되지 못한 상황에서 위기가 닥치면 그것에 대처할 영적 능력이 없으므로 서서히 영적 침몰로 갈 수밖에 없는 것이다. 다행스러운 것은, 코로나 종식 후 제자훈련을 요청하는 교회가 늘어나고 있다는 사실이다. 또한 양육자들의 재교육을 요청하는 교회도 늘어나고 있다. 이것은 코로나가 한국 교회에 준 선물이라고 생각한다.

하나님은 우리를 교인으로 부르지 않고 예수님의 제자로 부르셨다. 단순히 자기 구원에 감사하고 만족하며 살도록 부르시지 않고 땅끝까지 예수님의 증인으로 살도록 부르셨다(행 1:8). 가서 제자 삼는 자로 살도록 부르셨다(마 28:19-20). 그러므로 모든 그리스도인은 예수님의 제자로 살아야 하며, 모든 교회는 모든 성도가 예수님의 제자로 살도록 훈련해야 한다. 이것은 선택이 아니라 거룩한 사명이다.

그러나 오늘날 교인은 많지만 예수님의 제자는 많지 않고 교회는 많지만 성도들을 제자로 훈련시키는 교회는 많지 않다. 뿐만 아니라 목회자는 많지만 제자 사역에 헌신하는 목회자는 많지 않다. 훌륭한 지도자는 가능성 있는 후보를 선발하여 유능한 선수로 훈련시킨다. 교회는 성도를 훈련해 세상에 나가 유능한 신앙인으로 살아가도록 이끌어야 한다. 성도가 예수님의 제자로 훈련되지 못하면 세상을 이기면서 살아갈 수가 없다. 이 땅에서 하나님 아버지의 뜻을 이루면서 살아갈 수가 없다. 그래서 예수님께서 모든 사역 중에서 제자훈련을 가장 우선순위에 두신 것이었다. 만약 예수님이 제자훈련 없이 사역만 하다가 승천하셨다면 복음이 지금처럼 전해지지 못했을 것이다. 그리고 기독교는 유대교의 이단 중 하나일 뿐이었을 것이다. 온 세상의 구원이라는 하나님 아버지의 뜻은 결코 이루어질 수 없었을 것이다. 예수님이 제자훈련에 목숨을 거신 이유가 바로 이것이다.

세속주의와 맞서야 하는 그리스도인

지금은 그리스도인이 예수를 믿는다는 이유로 핍박받는 시대가 아니다. 하지만 오늘날은 종교적 탄압 이상의 힘을 휘두르는 시험이 도사리고 있다. 바로 세속주의이다. 세속주의(secularism)란 삶에서 신앙의 요소들이 배제되는 것을 의미한다. 다시 말하면 신앙인이지만 하나님과 하나님의 말씀과 상관없이 사는 것을 의미한다. 즉 불신자들과 다를 바 없는 사람으로 사는 것을 의미한다. 핍박 시대의 그리스도인은 죽으면 죽으리라는 각오로 신앙을 지켰다. 핍박이 오히려 교회와 성도들의 신앙을 더 강화시켜 주는 역할을 했다. 그리스도인은 핍박이라는 고난에 맞서 신앙이 더 성숙해졌다. 세계 교회사에서 유례가 없는 성장을 이룬 한국 교회의 배경에도 일제강점기와 한국전쟁이라는 고난이 자리하고 있다.

반면에 세속주의는 교회와 성도들을 영적으로 무력화시킨

다. 이것은 교회와 성도가 기독교적 가치관과 성경적 세계관이 아닌 세상의 가치관과 세계관을 따르기 때문이다. 세속주의는 교회를 세상 기관과 다를 바 없는 단체로 전락시킨다. 교회로서의 본질과 기능을 잃게 만드는 것이다. 세속주의는 성도를 세상 사람과 구별되지 않는 사람들로 만들어 버린다. 아무런 영적 영향력을 갖지 못하게 만드는 것이다.

세속화는 무서운 암세포와 같다. 마치 솥단지에 들어간 개구리가 물이 서서히 뜨거워지는데도 끓는 줄 모르고 적응해서 서서히 죽어 가는 것과 같다. 우리는 이미 유럽의 교회들이 서서히 세속화되다가 그 암세포에 점령되고 만 상황을 목격하고 있다. 한국에 선교사를 파송했던 영국 교회와 미국 교회 그리고 호주 교회를 돌아보라. 그들은 타 민족에게 복음을 전하는 훌륭한 선교 사역을 감당했지만 정작 자신의 후손들에게는 신앙을 유산으로 물려주지 못함으로써 오늘날 교회가 바닥을 드러내는 영적 고갈 상태에 이르고 있다. 한국 교회의 미래도 긍정적으로 예측할 수 없다. 물질주의, 성공주의, 쾌락주의라는 거대한 세속주의와의 싸움을 이겨 내지 못한다면 우리 역시 유럽의 교회나 호주 교회의 전철을 밟을 수밖에 없을 것이다.

그러므로 교회가 해야 할 중요한 사명이자 역할은 신앙인들이 세속화되지 않고 예수님의 제자로 살아가도록 훈련하는 것이다. 이것을 가능케 하는 것이 바로 일대일 제자양육이다. 일대일 제자양육의 궁극적인 목적은 키(key) 그림(《일대일 제자양육 성경공부》 참조)에 명확하게 명시되어 있는 것처럼 그리스도가 다스리시는 삶을 사는 제자가 되게 하는 것이다. 그래서 일대일 제자양육 과정에서는 제자의 삶이 무엇인지를 다음과 같은 예수님의 말씀에 근거하여 훈련하고 있다.

> 말씀하시되 나를 따라오라 내가 너희를 사람 낚는 어부가 되게 하리라 하시니 그들이 곧 그물을 버려 두고 예수를 따르니라 **마 4:19-20**
>
> 이에 예수께서 제자들에게 이르시되 누구든지 나를 따라오려거든 자기를 부인하고 자기 십자가를 지고 나를 따를 것이니라 **마 16:24**
>
> 무리와 제자들을 불러 이르시되 누구든지 나를 따라오려거든 자기를 부인하고 자기 십자가를 지고 나를 따를 것이니라 **막 8:34**
>
> 세베대의 아들로서 시몬의 동업자인 야고보와 요한도 놀랐음이라 예수께서 시몬에게 이르시되 무서워하지 말라 이제 후로는 네가 사람을 취하리라 하시니 그들이 배들을 육지에 대고 모든 것을 버려 두고 예수를 따르니라 **눅 5:10-11**
>
> 무릇 내게 오는 자가 자기 부모와 처자와 형제와 자매와 더욱이 자기 목숨까지 미워하지 아니하면 능히 내 제자가 되지 못하고 누구든지 자기 십자가를 지고 나를 따르지 않는 자도 능히 내 제자가 되지 못하리라 **눅 14:26-27**
>
> 이와 같이 너희 중의 누구든지 자기의 모든 소유를 버리지 아니하면 능히

내 제자가 되지 못하리라 눅 14:33

그러므로 예수께서 자기를 믿은 유대인들에게 이르시되 너희가 내 말에 거하면 참으로 내 제자가 되고 요 8:31

새 계명을 너희에게 주노니 서로 사랑하라 내가 너희를 사랑한 것같이 너희도 서로 사랑하라 너희가 서로 사랑하면 이로써 모든 사람이 너희가 내 제자인 줄 알리라 요 13:34-35

예수님의 정의에 의하면, 제자란 예수님을 믿을 뿐만 아니라 배와 그물을 버려둔 채 주님을 따라가는 사람들이다. 제자란 자기를 부인하고 자기 십자가를 지고 주님을 따르는 사람들이다. 제자란 주님을 그 무엇보다도 더 사랑하는 사람들이다. 제자란 자기의 소유를 포기하면서까지 주님을 따르는 사람들이다. 제자는 서로 사랑하는 사람들이다.

다시 말하면 제자란 삶의 우선순위를 예수님께 두고 사는 사람이요 자기를 부인할 줄 알고 자신의 사명이 무엇인지 알고 그 사명을 감당하면서 사는 사람이다. 그리고 제자란 삶의 최고 가치를 예수님께 두고 사는 사람이요 사랑하고 사랑받는 것에 성숙할 뿐만 아니라 예수님의 말씀에 순종하며 사는 사람이다.

이와 같이 일대일 제자양육은 그리스도가 다스리는 삶을 사는 제자라는 신분을 갖도록 훈련하는 과정이다. 동반자 과정과 양육자 과정을 거치면서 훈련을 받고 또한 누군가를 가르치는 양육자가 됨으로써 제자로서 가져야 할 가치관과 삶의 방법과 목적을 배우게 된다. 배우면서 성장하고 가르치면서 배우는 것이다. 그 과정에서 동반자도 양육자도 그리스도가 다스리시는 삶을 체득하게 된다.

현대를 살아가는 신앙인들을 철저하게 제자로 살도록 훈련하지 않으면 세속화되는 일은 시간문제이다. 그런 점에서 일대일 제자양육은 아무리 강조해도 지나침이 없는 영성 훈련 방법이다.

반성경적 사상과 맞서야 하는 그리스도인

오늘날 한국 교회는 이미 서구 교회들이 실패한 문제에 직면해 있다. 왜냐하면 포스트모던 사상의 하나인 다원주의와 진화론 그리고 무신론이 기독교를 강하게 공격하고 있기 때문이다. 우주 만물은 하나님이 창조하셨다. 우주는 어떤 생물체에 의해서 우연히 형성된 것이 아니다. 사람은 하나님의 형상을 따라 지음 받은 존재이다. 사람은 어느 동물이 진화해서 형성된 존재가 아니다. 결혼은 남자와 여자가 하는 것이다. 그래야만 생육하고 번성하고 땅에 충만하여 우주 만물을 다스릴 수 있다. 그러나 진화론을 배우고 자란 이들이 성인이 되면서 기독교에 대한 저항이 더 강해지고 있다. 또한 그들의 영향을 받은 엠지(MZ)세대는 하나님의 창조를 주장하고 동성애를 거부하는 기독교와는 아예 대화조차 나누고 싶어 하지 않는다. 오늘 우리 사회에서는 과거 서구 사회가 겪었던 일이 벌어지고 있다. 유일하신 하나님을 거부하고 영원한 진리인 성경을 부정하며 하나님의 창조 질서를 무너뜨리는 시도가 그것이다.

우주 만물이 우연히 저절로 생겼다고 주장하는 진화론자들은 과학이라는 명목 아래 창조를 부인한다. 증거가 아닌 과학자들의 합의에 의해 만들어진 진화론이 비과학적이라는 사실을 숨긴 채 진화론이 기정사실인 양 학생들을 호도하고 있다. 그리고 동성애 지지자들은 하나님을 부인하는 시대사조를 등에 업고 동성 결혼의 합법화를 위해 노력하고 있다. 그러나 동성애는 남자와 여자가 결혼하여 생육하고 번성하라는 하나님의 창조 질서를 거역하는 반성경적인 모습이다. 그뿐인가. 한국형 무신론자들은 단순히 하나님을 부인하는 차원을 넘어서 한국의 근대화에 지대한 영향을 끼친 선교사님들의 공적과 기독교회의 영향을 흔적마저 지워 버리려는 시도를 하고 있다.

사람을 차별하는 것은 당연히 없어야 한다. 소수자의 인권도 존중받아야 한다. 이것은 성경이 강조하는 기독교 정신이기도 하다. 그러나 포괄적 차별금지법이라는 가면 속에는 기독교를 제거하려는 악한 의도가 숨어 있다. 차별을 금지하기 위해 또 다른 차별을 초래하는 모순을 낳을 뿐더러 하나님의 창조 질서를 무너뜨리고 윤리적으로 타락한 사회를 만들고자 한다. 이는 이미 포괄적 차별금지법을 통과시킨 나라들에서 그 부작용이 나타나고 있다.

오늘날 기독교는 예루살렘 교회나 로마 시대처럼 가시적인 핍박을 당하고 있지는 않지만 신앙, 정신, 사상, 문화 면에서 테러를 당하고 있다. 그런 까닭에 온갖 조롱과 핍박과 불이익의 상황에서도 믿음을 지키며 복음을 증거하는 제자가 필요하다. 그리스도의 성품을 드러내는 제자가 필요하다. 자기를 부인하고 자기 십자가를 지고 가는 제자가 필요하다. 언젠가 로마 시대처럼 하나님의 때가 오면 핍박은 사라지고 복음만 남게 될 것이다. 핍박하던 세력은 사라지고 교회만 남게 될 것이다. 핍박하는 세력이 만왕의 왕이요 만주의 주이신 그리스도 앞에서 손 들고 항복할 때가 분명히 올 것이다. 세상 사람들이 "기독교만이 진짜 구원과 생명이 있는 종교이다. 성경만이 진리이다. 예수님만이 구원이요 생명이다. 하나님만이 유일하신 하나님이다"라고 고백할 때가 반드시 올 것이다. 그때까지 믿음을 지키고 온갖 핍박과 조롱을 이겨 낼 진정한 예수님의 제자가 필요하다. 지금은 제자훈련이 필요한 때이다.

제자란 삶의 최고 가치를
예수님께 두고 사는 사람이다.

CHAPTER

2

일대일 제자양육과 영적 성장

교회는 지속적으로 영적 아이를 출생해야 한다. 끊임없이 예수를 믿어 구원을 얻고 세례를 받는 성도가 배출되어야 한다. 그러나 영적 아이를 낳는 것만이 교회가 해야 할 책무의 전부는 아니다. 영적으로 성장할 수 있도록 양육도 잘해야 한다. 만약 낳기만 하고 방치한다면 건강한 신앙인으로 성장할 수 없다. 목회데이터연구소의《한국 교회 진단 리포트》(두란노서원, 2025, 110쪽) 중 '한국 교회 교육을 진단한다'에 따르면, 성도들은 세상에서 제자로 살아가는 데 교회의 도움을 받기 원하지만, 교회는 성도들의 이 같은 요청에 크게 미치지 못하고 있다고 진단했다. 이 같은 진단으로 봤을 때, 한국 교회의 많은 성도는 예수님의 제자로 살도록 훈련받지 못한 채 교회 생활을 하고 있는 것으로 보인다. 다시 강조하지만, 그렇기 때문에 모든 그리스도인은 신앙 성장을 위한 훈련을 받아야 한다. 그리고 교회는 마땅히 성도들의 영적 성장을 위해 적절한 훈련을 제공해야만 한다.

히브리서 저자는 수신자들의 영적 상태에 대해 심하게 질책하였다. 누군가를 양육하는 선생이 되어야 하는 성도들이 여전히 초보 단계에 머물러 있었기 때문이다.

> 때가 오래 되었으므로 너희가 마땅히 선생이 되었을 터인데 너희가 다시 하나님의 말씀의 초보에 대하여 누구에게서 가르침을 받아야 할 처지이니 단단한 음식은 못 먹고 젖이나 먹어야 할 자가 되었도다 히 5:12

단단한 음식을 먹을 만큼 성장해야 하는데, 우유를 먹는 유아기에 머물러 있다는 것이다. 그래서 히브리서 저자는 단단한 음식을 먹는 성숙의 단계로 성장하라고 강하게 권면한다.

> 단단한 음식은 장성한 자의 것이니 그들은 지각을 사용함으로 연단을 받아 선악을 분별하는 자들이니라 **히 5:14**

신앙의 여정은 지속적으로 성장하는 성숙의 과정이 되어야 한다. 일대일 제자양육은 양육자와 동반자가 일대일로 만나서 교재를 중심으로 말씀을 공부하고 삶을 나누면서 함께 그리스도가 다스리시는 삶을 배우는 훈련 과정이다. 그리고 양육자와 동반자가 함께 성장하는 제자훈련이라는 것은 일대일 제자양육의 대표적인 특징이라 할 수 있다. 배우면서 성장하고 가르치면서 성숙해지는 것이다. 성도는 동반자 과정 -양육자 과정- 양육 과정을 거치면서 영적으로 성장하게 된다.

일대일 제자양육의 궁극적인 목적은 구원과 구원의 확신, 영적 성장을 위한 토대, 성숙한 교회 생활, 세상에서 건강한 신앙인으로서 삶, 사랑에 성숙한 사람이 되는 것이다. 성숙을 위해서는 영적으로 성장해야 한다. 영적 성장을 위해서는 훈련이 필요하다. 훈련이 없으면 성장도 없다. 제자는 훈련을 통해서 태어나기 때문이다.

1. 영적 성장의 4단계와 일대일 제자양육

짐 푸트먼은 《영적 성장 단계별 제자양육》(두란노서원, 2013, 101-102쪽)에서 예수 믿고 거듭난 사람들은 영적 출생, 영적 아기, 영적 아이, 영적 청년 그리고 영적 부모의 단계로 성장해 가야 한다고 했다. 이와 함께 단계별 영적 성장에서 나타나는 언어와 행동의 특징을 살펴보고 그 단계에 맞는 성장 훈련이 무엇인지를 설명했다. 성도는 영적으로 성장해야 하고 이를 위해 훈련이 반드시 필요하다.

이스라엘 백성이 이집트에서 탈출한 뒤 40년 동안 광야 생활을 한 것은 이집트 백성에서 하나님 백성이 되기 위해 반드시 필요한 훈련과정이었다. 육적인 사람에서 영적인 사람으로 성장하려면 반드시 훈련이 필요하기 때문이다. 일대일 제자양육이 단계별 영적 성장에 어떤 영향을 끼치고 있는지를 살펴보면 다음과 같다.

영적 유아 단계

예수님을 믿고 거듭나게 되면 영적 유아 단계에 이르게 된다. 이 단계는 영적으로 혼란을 겪는 단계이다. 비록 구원은 얻었으나 여전히 미성숙한 상태이기 때문에 이전에 살던 생활 방식과 추구하던 가치관과 세계관이 하나님의 말씀과 충돌하면서 혼란을 겪게 된다. 믿음에 대한 열정은 있지만 사소한 이유 때문에 상처받을 수 있다. 그래서 신앙생활을 잘 가이드해 줄 도우미가 필요하다. 만약 교회가 영적 유아 단계에 있는 성도를 방치하면 그는 언제까지나 그 단계에서 벗어나지 못할 수 있다. 세상에 나가 예수님의 빛으로 살아가는 성숙한 신앙인이 되지 못하는 것이다. 한국 교회에는 이 단계에 머물러 있는 성도들이 많다고 본다. 이 단계에 있는 성도들에게 필요한 것은 무엇보다 진리의 말씀인 성경을 체계적으로 배우는 것이다. 또한 하나님의 자녀라는 정체성과 그 정체성을 가지고 살아가는 법을 배우는 것이다. 교회가 그리스도인의 삶을 가르칠 때 그들의 영적 성장에 커다란 변화가 나타날 수 있을 것이다.

일대일 제자양육은 신앙생활의 매뉴얼과 같은 기능을 한다고 생각한다. 일대일 제자양육 교재는 신앙생활에 필요한 모든 사항을 알기 쉽게 주제별로 다루고 있다.

먼저 신앙의 가장 기본이 되는 예수 그리스도를 알고 믿고 영접하는 과정을 공부한다. 예수님을 인격적으로 영접하는 일은 모든 훈련 내용 중에서 가장 중요하다. 그리고 양육 과정 중에서는 물론 이후 일상생활에서도 필요한 큐티를 공부하게 된다. 그런 뒤에는 알기 쉽게 10가지 주제별로 구성된 구원의 확신과 하나님의 속성 그리고 성경, 기도, 교제, 전도, 성령 충만,

시험, 순종, 사역에 관하여 공부하게 된다. 일대일 제자양육은 신앙을 체계적으로 배우기에 최적화된 교재라고 생각한다.

이것은 동반자 과정을 마친 지체들이 공통적으로 하는 간증에서 확인할 수 있다. 간증자들 중에 초신자들은 기독교 신앙이 무엇인지 분명하게 알게 되었다고 고백한다. 이미 교회 생활을 하던 지체들은 막연하게 알고 있던 신앙에 대해 확실하게 배울 수 있어서 좋았다고 고백한다. 그리고 산발적으로 알고 있던 성경의 내용들을 구슬에 꿰어맞추듯 체계적으로 정리할 수 있어서 좋았다고도 고백한다. 어떤 성도는 교재 내용이 성경 말씀에 근거하고 있기 때문에 16주 동안 생명의 말씀을 먹고 영적으로 성장할 수 있었다고 고백했다. 또한 진리의 말씀을 배울 뿐만 아니라 양육자와 말씀에 근거한 신앙인의 삶을 여러 방면에서 나눈 것이 영적 성장에 보약과 같았다고 고백하는 이도 있다. 일대일 제자양육은 영적 유아기를 벗어나게 해주는 영성 훈련 과정이다.

영적 청소년 단계

영적 청소년기에서는 자기중심적, 감정적 그리고 조건적 섬김과 같은 특징을 나타낸다. 이 단계는 좌충우돌의 시기라고도 할 수 있다. 왜냐하면 사람의 생각이나 뜻이 하나님의 생각이

나 뜻보다 앞서는 경우가 많기 때문이다. 성령의 인도하심보다 자기 열정으로 이끌리다 실수하는 경우도 많다. 직면하는 상황에 따라서 감정의 기복이 심하기도 하고 열정이 쉽게 업다운되기도 한다. 겉보기에는 성숙한 사람처럼 보이지만 겪어 보면 미성숙한 모습이 금세 드러난다. 특히 정서적으로 미성숙한 사람인 경우 건강한 방법으로 자신의 의사나 감정을 표현하지 못해서 또 다른 어려움을 만들기도 한다. 한편, 교회를 섬기는 동기나 목적이 자신의 욕심을 채우는 데 있는 경우, 본인은 물론 함께 신앙생활을 하는 지체들을 시험에 빠지게 할 수 있다.

이런 단계의 사람을 리더로 세웠다가 어려움을 당하는 교회가 많다. 따라서 이 단계에서는 영적 도우미가 필요하다. 특히 익숙지 않은 교회 공동체 생활과 교회를 섬기는 방법에 대해 알려 줄 필요가 있다. 교회 생활의 우선순위와 신앙생활의 우선순위를 잘 알아 성령의 인도하심을 받으면서 생활할 수 있도록 해주어야 한다. 또한 말씀을 지속적으로 읽고 배우고 묵상하여 하나님의 뜻이 무엇인지 알 수 있게 해주어야 한다. 그리고 그 말씀대로 순종하면서 생활하도록 가르쳐야 한다. 말씀이 삶의 중심이 되지 못하면 영적 성장도 없다.

일대일 제자양육에서 양육자와 동반자는 멘토와 멘티의 관계이다. 멘토로서 양육자는 동반자가 신앙생활은 물론 교회 생활을 잘할 수 있도록, 나아가 가정생활도 잘할 수 있도록 가이

드가 되어 준다. 일대일 제자양육은 교회 안과 밖에서 예수님의 제자로 살도록 훈련하는 과정이다. 다시 말하면 성숙한 신앙인으로 살도록 훈련하는 과정이다. 그러므로 이 과정에서는 그동안 양육자가 교회를 섬기면서 다양하게 체득한 교회를 섬기는 방법들을 자연스럽게 나누게 된다. 동반자 과정에서 양육자를 통해서 배우게 되는 신앙과 교회 생활에 대한 많은 내용은 영적으로 성장하는 데 중요한 거름이 된다. 그리고 일대일 제자양육 과정에서 제시하는 과제물은 영적 성장을 위한 훌륭한 비타민 역할을 한다. 종종 과제물을 어려워하는 동반자들이 있지만 훈련은 힘들어야 열매를 맺게 된다. 성경 암송하기, 큐티하고 나누기, 서로 중보기도하기, 주일 설교 요약하기 그리고 각 과에서 제시한 활동에 참여하기 등은 모두 영적 성장을 위한 도구가 된다.

이와 같은 과정을 거친 일대일의 열매는 훈련을 마친 성도들의 간증에서 알 수가 있다. 동반자들은 16주 동안의 양육 과정도 쉽지 않은데 거기에다 과제물까지 수행해야 하니 힘에 부친다고 호소한다. 하지만 훈련을 마친 뒤 돌아보면 그 어려운 과정으로 인해 영적으로 성장하게 되었다고 고백한다. 영적 성장은 양육자에게 잘 배우는 것이 우선이지만 그것이 전부는 아니다. 주어진 과제를 수행하면서도 영적으로 성장한다. 그동안의 경험에 의하면 가르침만으로 끝나는 양육은 열매가 없었다.

제시된 훈련 내용을 원칙대로 소화해야만 영적으로 성장하게 된다. 양육 과정에서 제시하는 훈련 내용은 동반자의 영적 성장을 위한 거룩한 습관을 길러 주기 위함이다. 모든 양육을 마친 후에도 예수님의 제자로서 살아가도록 몸에 새기는 훈련인 것이다.

한편, 많은 동반자가 양육자를 통해서 영적으로 성장하게 되었다고 말한다. 신앙생활과 교회 생활을 어떻게 해야 하는지를 양육자를 거울 삼아 배움으로써 영적인 성장이 이뤄진 것이다. 온누리교회의 구석구석에서 헌신적으로 봉사하는 지체들이 많은 것은 좋은 양육자에게 제대로 훈련받은 제자들이 많기 때문이다.

영적 청년 단계

영적 청년의 단계에 이른 지체들에게서는 겸손한 섬김이 나타난다. 인간 중심으로 생각하며 사역하던 미성숙한 태도를 버리고 하나님 중심으로 생각하기 시작한다. 그래서 사람의 뜻보다는 하나님의 뜻을 따르려는 성숙한 태도로 생활도 하고 사역도 한다. 섬김에는 희생이 따르는데 그 희생을 기쁨으로 감당하게 된다. 미성숙할 때는 하나님을 위하면서도 자신이 원하는 사역을 하려는 이기심 때문에 내적, 외적으로 갈등하는 일이 많았다. 그러나 이 단계에서는 자신이 원하는 사역은 내려놓고 오로지 하나님이 원하시는 사역을 하려고 노력한다. 그렇다 보니 자유함이 있고 사역에서도 열매가 크게 나타나는 경험을 하게 된다. 이들은 "나의 원대로 마시옵고 아버지의 원대로 하옵소서"(마 26:39) 하신 예수님을 따르려고 노력한다.

이들이 이렇게 할 수 있는 것은 우선순위가 분명하기 때문이다. 예수님 우선순위가 분명하게 세워진 사람은 자신의 삶과 사역에 대한 주권이 예수님께 있다는 사실을 믿는다. 또한 사도 바울이 빌립보 교회 성도들에게 권면했듯이, 타인을 자신보다 낮게 여기는 태도를 가지고 사역한다(빌 2:3). 그래서 타인에 대한 배려와 격려가 일상이 된다.

이렇듯 섬김의 태도가 일상이 된 영적 청년의 단계에 이른 지체들은 어느 공동체에서나 연합을 이루며 이 땅에 하나님 나라를 이룩하기 위해 헌신한다. 이들은 이 세상에 섬김을 받으러 온 것이 아니라 도리어 섬기러 왔다고 하신 예수님의 말씀(막 10:45)을 몸소 실천한다. 자기 중심에서 하나님 중심과 타인 중심으로의 변화는 성숙한 신앙인의 좋은 본보기가 된다.

일대일 제자양육이 추구하는 제자의 삶이란 예수님이 말씀하신 것처럼 자기를 부인하고 자기 십자가를 지는 것이다(마 16:24). 제자는 자기를 부인할 줄 안다. 자신은 죽고 오직 예수님으로 사는 사람이다. 제자는 주님을 위해 자신을 부인할 줄도 알고 주님을 위해서 죽을 줄도 알기 때문에 자연스럽게 삶과 사역의 우선순위가 예수님께 있다. 그럼으로써 내 뜻과 욕망이 아닌 하나님의 뜻과 비전을 위해 평생을 헌신하게 된다. 하나님의 비전을 자신의 비전으로 삼고 하나님의 계획을 자신의 계획으로 품고 실천하게 된다.

그들은 자기를 부인하는 자들에게 주시는 은혜가 크다는 것을 경험으로 안다. 그리고 주님을 위해 죽는 것이 결코 죽는 것이 아니라 오히려 더 성숙한 생명으로 빚어진다는 것을 안다. 따라서 자기를 부인하는 것이나 주님을 위해 죽는 것을 두려워하거나 주저하지 않는다. 제자는 자신이 져야 할 십자가가 무엇인지를 안다. 제자는 자신이 감당해야 할 사명이 무엇인지 알고 그 일에 헌신한다. 제자는 하나님의 교회를 섬기는 것을 당연한 것으로 여긴다. 그 섬김에는 어떤 조건이나 대가가 포함되어 있지 않다. 쓰임 받는 것을 기뻐하면서 오직 충성할 뿐이다. 주님을 사랑하는 마음과 그분의 몸이신 교회를 사랑하는 마음으로 섬기게 된다.

영적 장년 단계

영적 장년의 단계란 영적 부모의 단계라고도 할 수 있다. 건강한 부모는 가족이 편안하고 안전하게 생활할 수 있도록 가정을 꾸리듯이, 이 단계의 지체들은 영적 리더로서 교회 섬김을 계획적으로 그리고 전략적으로 진행할 줄 안다. 이들의 성숙함은 매사에 솔선수범하여 미성숙한 단계에 있는 지체들에게 본을 보임으로써 나타난다. 존경받을 만한 리더십을 발휘하여 공동체의 영적 성장에 커다란 기여를 한다. 그러나 무엇보다도 이 단계의 지체들이 갖고 있는 첫 번째 특징은 모든 일을 사랑으로 행한다는 것이다. 부모가 사랑으로 자녀들을 양육하듯이 주님을 위한 모든 일의 동기와 목적이 사랑에 있다. 사랑을 잃으면서까지 어떤 일을 이루는 데 절대 동의하지 않는다. 아무리 좋은 일이라도 사랑이 없는 행함은 절대 하지 않는다. 결과보다는 과정을 중요하게 생각한다. 그렇기에 모든 일을 섬김과 사랑과 연합으로 한다.

두 번째 특징은 재생산을 한다는 것이다. 이들은 자신의 영성 관리를 체계적으로 할 줄 안다. 스스로 말씀을 묵상하면서 하나님의 말씀을 일용할 양식으로 삼는다. 매일 영혼의 거울인 성경 말씀으로 자신을 돌아보며 거룩한 생활을 추구한다. 배우든지 가르치든지 분명히 실천하려고 한다. 부부가 결혼을 하면 자녀를 낳고 양육하는 것이 본능인 것처럼 그들은 재생산을 하고 싶어 한다. 영적 아기의 단계에 있는 지체를 만나서 생명의 양식을 스스로 먹는 법과 영적으로 성장하는 법을 전수하고 싶은 영적 본능이 항상 이들을 주도한다.

일대일 제자양육이 추구하는 가장 성숙한 제자의 모습은 사랑에 성숙한 사람이다. 어쩌면 사랑에 성숙한 사람이 되는 것이 일대일 제자양육의 목적일 수도 있다. 왜냐하면 사랑에 실패하면 모든 것에 실패하는 것이기 때문이다. 사도 바울은 사랑이 없으면 아무것도 아니라고 고린도 교회 성도들에게 강력하게 권면했다(고전 13:1-3). 하나님의 상징이 사랑이듯이 제자의 상징도 사랑이어야 한다. 성숙한 신앙의 상징도 사랑이어야 한다. 예수님은 우리가 서로 사랑하면 모든 사람이 우리가 예수님의 제자인 줄 알게 될 것이라고 말씀하셨다(요 13:34-35). 이는 사랑에 미숙하면 예수님의 제자가 아니라는 의미도 된다. 하나님은 우리의 가정과 교회가 서로 사랑할 줄 아는 제자 공동체가 되길 원하신다.

일대일 제자양육의 또 하나의 특징은 재생산이 가능하다는 것이다. 제자가 제자를 낳는 양육 훈련 과정이다. 동반자 과정을 마친 사람이 양육자 과정에서 훈련을 받고 난 후에 누군가를 동반자로 맞이하여 양육을 함으로써 재생산이 이루어진다. 양육자 과정은 영적 산모를 배출하는 과정이요 제자양육(동반자 양육) 과정은 영적 아이를 낳는 과정이다.

일대일 제자양육을 통해서 많은 영적 성장을 경험하고 난 후 지금은 열심히 제자양육에 헌신하고 있는 어느 양육자의 글을 소개한다.

신앙적인 고민을 해결하지 못한 채 교회 생활을 하고 있는 사람,

구원의 확신 없이 신앙생활을 하고 있는 사람,

교회는 다니지만 영적인 초보 단계에 머물러 있는 사람,

천국에 대한 확신이 없이 죽음을 두려워하면서 생활하는 사람,

회개를 하면서도 죄책감에 시달리는 사람,

삶의 이유와 목적이 명확하지 않은 채 살아가는 사람,

자신이 주인 노릇하느라 힘들게 살아가는 사람,

말씀대로 순종하지 못해 여전히 방황하는 사람,

하나님과 인격적인 관계없이 믿음 생활을 하는 사람,

신앙생활의 기쁨을 모른 채 교회만 다니는 사람,

일대일 제자양육을 받으세요.

신앙과 삶의 모든 문제의 답을 알려 드리겠습니다.

위의 글은 모든 성도에게 제자훈련이 절대적으로 필요하다는 것을 반증해 주고 있다. 성도들이 예수님의 제자로 훈련되지 못하면 교회만 다니는 생활을 하게 될 것이다. 어느 형제는 동반자 과정을 마친 뒤 습관적으로 교회만 다닌 것이 무의미하다는 것을 알았다고 했다. 또 다른 형제는 동반자 과정을 마치고 나니 교회만 출석해서는 결코 영적으로 성장할 수 없다는 것을 알았다고 했다. 교회 등록 과정이라 아무 생각 없이 일대일 제자양육을 받았다는 어느 자매는 양육 후 자신이 영적으로 많이

성장한 것을 발견하고 매우 기뻤다고 했다.

2. 일대일 제자양육을 통한 영적 성장

지금까지 영적 성장의 단계별 특징과 일대일 제자양육의 관계를 살펴보았다. 이번에는 구체적으로 일대일 제자양육 과정을 통해서 영적으로 성장하는 내용을 4단계로 살펴보고자 한다.

첫 번째 단계 | 구원의 원리를 통해 하나님의 은혜와 사랑을 경험하게 된다

첫 번째 단계에서는 기독교 신앙에서 가장 중요한 구원에 관한 내용을 마스터하게 된다. 과연 한국 교회의 성도 중에서 예수님을 인격적으로 영접하고 구원의 확신을 가지고 사는 사람들이 얼마나 될까? 이단 교회에서 핵심 인물로 활동하다가 회개하고 돌아온 어느 지도자가 세미나에서 한 말이 이 질문에 대한 답을 준다고 생각한다. 그의 말에 의하면 기성 교인들은 이단의 밥이 될 수밖에 없다고 한다. 왜냐하면, 기성 교회의 성도들은 신앙에서 가장 중요한 구원과 구원의 확신에서 매우 취약하기 때문이다. 그러므로 일대일 제자양육의 첫 단계에서는 구원의 원리를 배운다. 구원은 행위로 얻는 것이 아니라 믿음으로 얻는 것이다. 예수님이 나의 구세주라는 사실과 그분이 나의 죄를 대신하여 십자가에서 죽으셨다는 사실을 믿는 믿음으로 구원을 얻는다. 죄는 내가 지었는데 벌은 예수님이 대신 받아 주셨다는 사실을 인정하고 믿는 것이다. 이렇게 구원의 원리를 깨닫게 되면 다음과 같은 3가지를 경험하게 된다.

첫째, 하나님의 은혜를 경험하게 된다. 하나님께서 우리를 행위로 구원에 이르게 하지 않고 믿음으로 구원을 얻게 하신 것이 은혜이다. 만일 행위가 구원의 조건이라면 이 세상 사람 중 어느 누구도 구원을 얻지 못할 것이다. 하나님이 요구하시는 행위를 충족할 수 있는 사람은 아무도 없기 때문이다. 우리는 구원받을 자격도 없고 구원받을 능력도 없다. 이 같은 인간의 연약함을 아시는 하나님께서 행위가 아닌 믿음으로 구원을 얻게 하신 것, 이것이 바로 하나님의 은혜이다.

둘째, 하나님의 사랑을 경험하게 된다. 하나님께서 행위가 아닌 믿음으로 구원을 얻게 하신 것은 우리를 사랑하시기 때문이다. 나는 구원받을 자격이 없는데 하나님께서 그 기회를 주셨다. 하나님은 우리가 행위로는 도저히 구원받을 수 없다는 사실을 아시고 예수 그리스도의 대속을 믿음으로 구원을 얻게 하셨다. 하나님께서 이와 같은 은혜를 우리에게 베풀어 주신 이유는 바로 우리를 향한 하나님의 사랑 때문이다. 하나님은 나를 사랑하시기 때문에 은혜와 믿음으로 구원을 얻게 하셨다.

이 같은 구원의 원리를 알게 되면 기독교 신앙에서 매우 중요한 하나님의 은혜와 사랑을 깨닫게 된다. 그리고 구원을 얻는 과정에서 하나님의 은혜와 사랑을 경험해야만 엄밀히 말하면 본격적인 신앙생활을 시작하게 된다. 왜냐하면 그리스도인의 풍성한 생활은 하나님의 은혜와 사랑을 체험해야만 가능하기 때문이다. 그리고 이 두 가지를 경험해야만 영적 성장이 시작되기 때문이다. 이런 신앙인들은 평생 하나님의 은혜를 누리면서 살고 그분의 은혜에 감사하면서 산다. 그분의 은혜 때문에 때로는 자신의 연약함과 부족함을 느끼면서도 위로와 용기를 얻게 되고 또한 소망을 갖게 된다. 건강한 신앙인은 하나님의 사랑을 받고 또한 자신도 하나님을 사랑하면서 일생을 살아간다. 하나님과 사랑으로 교제하면서 사는 자가 된다.

셋째, 구원의 확신을 갖게 된다. 기독교의 핵심 가치인 은혜와 믿음으로 구원을 얻고 하나님의 사랑을 경험하게 되면 자연스럽게 구원의 확신을 갖게 된다. 자신이 구원받았다는 증거를 성경에 기록된 약속의 말씀과 예수님께서 이루신 십자가와 부활 그리고 성령의 인치심을 통해서 깨닫게 된다. 그러면 어떤 상황에서도 구원의 확신이 흔들리지 않는 건강한 신앙인으로 살게 된다. 나를 향한 하나님의 사랑을 확신하고 그 은혜를 경험한 자는 결코 구원의 확신이 흔들리지 않는다.

두 번째 단계 | 예수님께 최고의 가치를 두고 살게 된다

첫 번째 단계에서 하나님의 은혜와 사랑을 경험하게 되면 놀랍게도 우리의 관심이 예수님께 집중하게 된다. 그래서 두 번째 단계에서는 자연스럽게 인생의 최고 가치를 예수 그리스도께 두게 된다. 세상에는 예수님보다 더 귀한 것이 없다는 것을 깨닫게 된다. 이때부터 삶의 태도와 방식에서 변화가 일어난다. 자신이 예수님께 최고의 가치가 되는 존재라는 사실을 깨닫게 된다. 그 증거는 예수님의 십자가에서 발견할 수 있다. 그분의 죽음은 나를 대신하는 죽음이었다. 나의 죄 값을 당신의 죽음으로 대신 갚아 주신 것이다. 그만큼 주님은 나를 소중하게 여기신다. 한편, 자신에게도 예수님은 최고의 가치이다. 그렇기 때문에 모든 것이 예수님 중심으로 바뀐다. 왜냐하면 내 안에 계신 성령님께서 그렇게 역사하시기 때문이다. 예수님께 최고의 가치를 두고 사는 사람에게는 다음과 같은 영적 성장의 변화가 나타난다.

첫째, 가치관이 예수님 중심으로 바뀐다. 그래서 삶의 모든 우선순위가 재편된다. 과거에 중요하게 여기던 것들이 차선으로 밀려나고 차선에 있던 것들이 우선으로 올라온다. 신앙적이고 영적인 것이 우선순위가 된다. 세상에는 예수님보다 더 중요한 것이 없게 된다. 주님의 말씀을 묵상하고 그분의 은혜를 찬양

하는 것이 삶에서 가장 중요한 요소가 된다. 그리고 교회 공동체 안에서 성도들과 함께 교제하면서 삶의 활력소를 얻게 된다.

둘째, 삶의 이유와 목적이 예수님 중심으로 바뀐다. 과거엔 나의 비전과 꿈을 이루기 위해 살았지만 이제는 예수님을 위해 사는 것을 비전으로 삼게 된다. 예수님의 꿈이 나의 비전이 된다. 이때부터 일하는 목적이 주님을 위한 것으로 재편된다. 돈을 버는 이유도 주님을 위한 것으로 재정립된다. 전에는 많이 벌어서 잘 먹고 잘사는 것이 목적이었지만 이제는 주님을 위해서 사용하는 것이 목적이 된다. 거룩한 불편도 기쁘게 감수하면서 살아간다.

셋째, 세계관이 예수님 중심으로 바뀐다. 우주 만물을 창조하고 주관하시는 분이 하나님이라는 사실을 분명하게 깨닫게 된다. 그래서 개인은 물론 가정을 주관하시는 분이 하나님이라고 고백하게 된다. 자기 중심으로 돌아가던 시간이 예수님 중심으로 바뀌게 된다. 자기 중심으로 돌아가던 스케줄이 예수님 중심으로 재편된다. 자신이 앉아 있던 주인의 자리를 기쁨으로 주님께 내어 드린다.

이와 같이 예수님께 최고의 가치를 두고 사는 사람들은 그분께 얽매이거나 그분의 억압 안에서 사는 것이 아니라 오히려 놀랍게도 자유와 누림을 경험하면서 생활하게 된다. 나를 옭아매던 모든 어두움과 눌림이 사라지고 자유와 평안을 누리게 된다. 예수님 안에 참 자유와 기쁨이 있음을 알고 누리게 된다.

세 번째 단계 | 자기를 부인하고 자기 십자가를 지면서 살게 된다

믿음으로 구원을 얻는 과정에서 하나님의 은혜를 알고 그분의 사랑을 경험하게 되었다. 그 결과 예수님께 삶의 최고의 가치를 두고 살게 되었다. 세 번째 단계에서는 다음 2가지의 영적 성장의 특징을 갖게 된다.

첫째, 자기를 부인할 줄 안다. 나는 죽고 예수님으로 산다. "I am something"에서 "I am nothing"으로, "Jesus is something"으로 변화된다. 이러한 변화는 삶에서 불필요하게 겪어야 했던 갈등을 제거해 준다. 왜냐하면 신앙생활에서 겪게 되는 대부분의 갈등은 주님의 뜻을 따를 것인가, 내 뜻대로 행할 것인가를 두고 벌어지기 때문이다. 이와 같은 갈등은 신앙인의 삶의 질을 형편없게 만든다. 그런데 자기를 부인하는 신앙 고백을 하게 되면 자연스럽게 그 갈등이 사라지게 된다. 이제는 "예수님을 위해서라면 나는 죽을 수도 있습니다. 예수님을 위해서라면 나는 무명이라도 좋습니다. 예수님을 위해서라면 나는 아무런 대가가 없어도 쓰임 받는 것만으로도 감사합니다"라고 철저하게 자기를 부인하게 된다. 자기 주장을 그분 앞에 내려놓게 된다. 그리고 "내 뜻대로 마옵시고 아버지의 뜻대로 하옵소서" 하신 예수님의 고백을 자기 고백으로 삼고 신앙생활을 하게 된다.

둘째, 자신이 져야 할 십자가가 무엇인지 안다. 예수님을 사랑하고 그분께 삶의 가치를 두며 주님 앞에서 자신이 아무것도 아닌 것을 고백하게 되면 자연스럽게 주님을 위해서 뭔가 일하고 싶은 거룩한 욕구가 생기게 된다. 다시 말하면 교회 안에서 하는 봉사를 자신이 져야 할 십자가로 인식하게 된다. 그래서 자원하는 마음으로 하나님께서 피값을 주고 세우신 교회를 섬긴다. 하나님을 향한 사랑이 교회를 섬기는 것으로 나타난다. 주님을 위해서 하는 일을 당연한 것으로 인식하고 섬기게 된다. 대가를 바라다가 시험에 드는 그런 어리석은 봉사와 섬김을 하지 않게 된다. 도리어 자신이 쓰임 받는 것에 감사할 뿐 아니라 자신이 주님을 위해서 무엇인가를 할 수 있다는 기쁨으로 주님의 일을 즐겁게 감당한다. 하나님의 사랑이 인간의 모습으로 이 땅에 오신 것과 십자가에서 대속 제물이 되어 주신 것을 통해서 증거된 것처럼, 하나님을 향한 우리의 사랑도 그분이 소중히 여기시는 교회를 섬김으로 증거되는 것이다.

하나님의 사랑을 경험한 사람은 주님을 위해 무언가 하고 싶어 하는 마음이 생기게 되는데 그것이 바로 사랑의 속성이며 사랑의 힘이다. 그래서 하나님을 사랑하는 사람은 자연스럽게 교회를 사랑하게 된다. 하나님을 사랑하기 때문에 그분이 귀하게 여기시는 교회를 사랑으로 섬기게 된다. 교회의 일을 자신이 마땅히 져야 할 십자가로 인식하면서 섬기게 된다. 이런 섬김에는 인간의 연약함 때문에 생기는 어떤 부작용도 없이 오직 하나님의 영광만이 나타날 뿐이다.

네 번째 단계 | 예수 그리스도가 다스리시는 삶을 살게 된다

하나님의 은혜와 사랑을 경험한 사람은 예수님 중심으로 생활하게 된다. 예수님을 자기 삶의 최고의 가치로 삼으므로 자연스럽게 자신을 부인하게 된다. 한 걸음 더 나아가서 교회를 섬기는 것을 자신이 마땅히 져야 할 십자가로 인식하게 된다. 이렇게 영적으로 성장한 사람은 궁극적으로 그리스도가 다스리시는 인생을 살아간다. 일대일 제자양육의 훈련 목표는 그리스도가 다스리시는 삶을 사는 제자가 되는 것이다. 이것은 아무리 강조해도 지나침이 없다고 생각한다. 일대일 제자양육의 키 그림에서 보듯이, 예수 그리스도는 신앙과 삶의 중심이요, 그분을 중심으로 사는 사람은 그분의 다스림을 받는 가장 성숙한 제자이다. 이것이 일대일 제자양육이 추구하는 영적 성장의 마지막 단계이다.

그리스도가 다스리시는 삶이란 무엇인가? 먼저 우리가 알아야 할 것은 성령님의 성품이다. 성령님은 인격적인 분이기 때문에 폭군처럼 우리를 강압적으로 다스리시지 않는다. 우리가 그분의 통치를 받아들여야만 다스리시는 분이다. 그런데 우리가 묵상한 말씀을 통해서 하나님의 뜻을 알게 되고 그 뜻대로 순종을 하면 그것이 곧 그리스도의 다스리심이 내 안에서 이루어지는 것이다. 그러므로 매일 주님의 통치가 내 삶에서 이루어지려면 반드시 큐티가 필요하다. 매일 지속적으로 큐티를 하는 사람만이 그리스도가 다스리시는 생활을 할 수 있다. 왜냐하면 성령님은 말씀을 통해서 우리를 통치하시는 분이기 때문이다. 내 뜻을 내려놓고 그분의 뜻을 따르는 것이 순종이며 그 순종을 통해서 그리스도의 통치가 이루어진다. 결국 주님의 통치를 받아들이는 사람만이 가장 성숙한 제자가 될 수 있다. 만약 일상에서 큐티가 없다면 제자의 삶도 없다. 그리스도의 다스림도 없다. 그리스도의 다스림을 받으면서 사는 제자에게는 다음과 같은 3가지의 공통점이 나타난다.

첫째, 평생 하나님의 뜻을 추구하면서 생활한다. 성숙한 제자는 말씀을 통해서 하나님의 뜻이 무엇인지를 묻고 찾는다. 인생에 대한 하나님의 뜻은 무엇인가? 하나님의 자녀로서 어떻게 살아야 하는가? 삶의 이유와 목적이 무엇인가? 가정과 부부와 자녀에 대한 하나님의 기대와 뜻은 무엇인가? 내가 직면한 문제와 상황 속에 담겨 있는 하나님의 선하신 뜻은 무엇인가? 하나님은 내가 직면한 고난과 시험을 어떻게 풀어 가길 원하시는가? 삶의 다양한 문제들에 대한 답을 하나님의 뜻이 담겨 있는 성경 말씀에서 찾고 그 말씀대로 살아가는 것이 성숙한 제자가 사는 법이다.

신앙인이 반드시 알아야 할 것은 매일 말씀 묵상을 통해서 하나님의 뜻을 추구하는 생활을 하지 않으면, 자기의 어리석은 뜻을 따르거나 자신을 멸망으로 이끄는 사탄의 뜻을 따르게 될 가능성이 매우 높다는 것이다. 자기도 모르는 사이에 세상의 뜻을 열심히 따라갈 수 있다. 만약 세상의 뜻을 따르게 되면 인생은 어그러질 수밖에 없다. 하나님의 뜻에서 벗어나는 것은 자신을 죽음으로 이끌고 가는 어리석은 행위라고 생각한다. 성숙한 제자는 매일 말씀을 묵상하여 현재 상황에 대한 하나님의 뜻을 발견하고 그 말씀을 따라 순종하는 것이 일상이 된 사람이다. 평생 하나님의 뜻을 추구하면서 생활하는 성숙한 제자는 좌로나 우로나 치우치지 않는다. 세파에 휩쓸리지 않는다. 삶의 그래프가 성숙을 향한 상승 곡선을 그리면서 살아간다.

둘째, 평생 하나님의 인도를 추구하면서 생활한다. 말씀을 통해서 하나님의 뜻을 추구하는 성숙한 제자는 자연스럽게 하나님의 인도를 구하게 된다. 그런데 하나님께서 우리의 삶을 인도하시는 방법을 아는 것은 신앙생활에 많은 유익을 준다. 하나님께서는 출애굽 백성들을 낮에는 구름 기둥으로 밤에는 불 기둥으로 인도하셨다. 그런데 하나님께서는 오늘을 살아가는 우리도 동일한 방법으로 인도하신다. 이 시대의 구름 기둥과 불

기둥은 바로 기록된 하나님의 말씀이다. 하나님은 말씀을 통해서 우리를 인도하신다. 우리가 가야 할 길과 해야 할 일을 보여 주신다. 따라서 큐티의 중요성은 아무리 강조해도 부족함이 있다. 우리는 말씀을 통해서 하나님의 뜻을 알고 그 뜻대로 순종할 때 하나님의 인도하심을 받는 인생을 살아갈 수 있다. 만약 큐티가 없다면 하나님의 인도하심을 경험하기가 어렵다.

그런데 하나님의 인도하심은 현재로선 이해할 수 없으나 지나고 난 뒤 돌아보면 정확하게 이해할 수 있는 것이 특징이다. 지금은 자신의 이해나 기대와는 다른 길로 인도하시는 것처럼 느껴진다. 그래서 때로는 그분의 인도를 무시할 때도 있고 따르기를 주저할 때도 있고, 혹은 억지로 따라갈 때도 있다. 그러나 시간이 지난 후 돌아보면 말씀대로 순종하는 것이 곧 하나님의 인도하심이었음을 이해하게 된다. 그러므로 말씀대로의 순종이 없다면 하나님의 인도하심도 없다.

셋째, 풍성한 생활을 하게 된다. 그리스도께서 나를 다스리신다고 해서 내가 그분의 종이 되거나 세속 권력 아래에 있는 것처럼 통제받는 것이 아니다. 오히려 그 반대이다. 그리스도가 나를 다스리시면 삶에 자유함이 있다. 내가 나를 다스리면 늘 눌림을 경험하게 되지만, 그리스도가 나를 다스리시면 누림을 경험하게 된다. 내가 내 인생을 주도하면 내가 원하는 것을 얻는 일이 너무나 어렵지만 그분의 다스림 안에서 살게 되면 그분이 공급해 주시는 선물을 누리면서 생활하게 된다. 그분의 다스림 안에 있는 삶에는 항상 풍성함이 있다. 반대로 그리스도의 다스림을 벗어나면 항상 부족하다. 내 인생이 내 것이라고 주장하면서 살아 보라. 항상 부족함으로 인해 허기를 느끼게 될 것이다. 성경을 보면, 사람이 얻기 원한다고 해서 복이 얻어지지 않는다. 복은 말씀대로 순종하는 사람만이 얻을 수 있는 선물이다. 그분의 다스리심 안에서 살아야만 하나님이 주신 약속이 내 삶에서 이뤄진다. 그리고 그 복을 누리며 사는 사람만이 풍성한 생활, 누림의 생활, 복이 있는 생활을 할 수 있다. 하나님이 나의 목자시니 부족함이 없다는 다윗의 고백을 하면서 살아가게 된다. 그러므로 그리스도가 다스리는 삶을 사는 제자들은 가난한 자 같으나 부한 자로서 인생을 살아간다.

일대일 제자양육에서는 영적 성장의 단계를 구체적으로 구분해 놓지 않았다. 그러나 동반자 과정과 양육자 과정 그리고 누군가를 양육하는 과정을 거치게 되면 자연스럽게 위에서 언급한 4단계를 거치면서 성숙한 제자로 성장할 수 있다.

3. 일대일 제자양육과 교회의 영적 성장

일대일 제자양육은 개인의 영적 성장만 추구하지 않는다. 교회 공동체의 영적 성장도 추구한다. 일대일 제자양육을 통해서 성도 한 사람이 영적으로 성장하는 것은 교회의 영적 성장에까지 영향을 끼친다. 성도 한 사람이 예수님의 제자로 변화되고 그 사람이 교회 공동체 안에서 재생산을 이어 갈 때 그 교회는 자연스럽게 제자 공동체가 된다. 일대일 제자양육이 교회의 영적 성장에 큰 영향을 끼친다는 것은 창립 때부터 지금까지 40년 동안 일대일 제자양육을 해온 온누리교회가 입증하고 있다.

성경 중심의 신앙이 유산으로 전수된다

좋은 신앙과 좋은 교회를 다음 세대에 물려주는 일은 부모 세대가 해야 할 책임이자 의무일 것이다. 서구 교회들이 점점 쇠퇴해 가는 것은 성경 중심의 신앙과 교회를 후손들에게 물려주지 못한 결과이다. 포스트모더니즘과 진화론 같은 거대한 폭풍이 몰아쳤을 때 교회는 현명하게 대처하지 못했다. 아니 방어할 능력이 없었다. 왜냐하면 성도들이 예수님의 제자로 훈련되지 못했기 때문이다. 결국 문을 닫는 교회가 늘어났고 그에 따라서 기독교 인구가 자연스럽게 줄어들었다.

오늘날 한국 교회가 직면한 상황은 서구 교회의 그것과 다르지 않다. 한국 교회가 서구 교회의 전철을 밟지 않으려면 다음 세대에 성경 중심의 신앙과 교회를 유산으로 물려주는 일에 적극 나서야 한다. 이런 위기의 시대에 온누리교회의 일대일 제자양육이 한국 교회에 보급되고 있는 것은 매우 다행스러운 일이라고 생각한다. 일대일 제자양육이야말로 성경 중심의 신앙을 유산으로 물려받고 물려주는 훈련 과정이기 때문이다. 일대일 제자양육은 다음과 같은 3가지 신앙을 유산으로 전수해 주고 있다.

첫째, 제자의 영성을 전수해 주고 있다. 일대일 제자양육이 다른 제자훈련과 확연하게 다른 점은 재생산을 가능케 한다는 것이다. 새신자로서 온누리교회에 등록하는 성도들은 누구나 예외 없이 일대일 제자양육 훈련을 받게 되어 있다. 이것을 동반자 과정이라고 한다. 동반자 과정을 마친 성도는 다시 양육자반에 들어가서 훈련을 받는다. 훈련을 마치게 되면 양육자로서 자격을 갖게 되어 공동체 일대일 제자양육 사역자가 연결해 주는 동반자를 만나 양육하게 된다.

1년 내내 교회 안에서 동반자 과정과 양육자 과정이 진행되고 있다는 것은 재생산이 지속해서 이뤄지고 있다는 증거이다. 그리고 재생산이 계속되고 있다는 것은 성경 중심의 신앙이 계속 전수되고 있다는 것을 의미한다. 매번 양육자 과정을 마친 사람들과 동반자 과정을 마친 사람들이 배출되는 수료식에는 성령의 감동이 충만한 것을 느낄 수 있다. 이런 과정이 바로 신앙이 전수되는 교회의 아름다운 모습이다. 40여 년 동안 이어져 온 재생산은 앞으로도 온누리교회가 지구상에 존재하는 한 계속 이어질 것이다. 일대일 제자양육은 전 교회적으로 제자의 영성을 신앙의 유산으로 전수해 주는 과정임에 틀림없다.

둘째, 믿음으로 얻는 구원이 전수되고 있다. 온누리교회 안에서는 예배 때 세례를 받는 성도들과 양육을 마친 제자들의 간증을 듣는 것이 다반사이다. 이들 간증문의 공통점은 구원의 은혜를 고백한다는 것이다. 세례를 받은 성도들은 예수님을 인격적으로 영접함으로써 새로운 삶을 시작하게 된다. 일대일 제자양육을 마친 성도들은 구원은 물론 흔들리지 않는 구원의 확신을 가지고 새로운 삶의 여정을 시작하게 된다.

예수님을 인격적으로 만난 사람들은 구원의 기쁨을 누릴 수밖에 없다. 왜냐하면 구원의 기쁨은 구원의 확신을 갖게 된 성도들에게 주시는 하나님의 선물이기 때문이다. 그동안 모조품에 불과한 기쁨에 속아 온 어리석은 삶을 내려놓고 기쁨의 근원이 되시는 예수 그리스도와 동행하는 생활을 하게 된다. 구원의 기쁨은 하나님의 은혜를 깊이 경험한 사람들의 심령에서 샘솟듯이 흘러나온다. 사도 바울이 권면한 '항상 기뻐하라'(살전 5:16)는 결코 불가능한 것이 아니다. 온누리교회 안에는 구원의 기쁨과 은혜를 나누는 성도들이 많다. 이것은 성령님이 구원과 구원의 기쁨이 유산으로 전수되는 과정을 주도하고 계신다는 증거이다.

셋째, 말씀 중심의 신앙이 전수되고 있다. 온누리교회 안에는 세 단계의 성경공부 과정이 있다. 성도들은 일대일 제자양육을 통해서 영적으로 성장할 수 있는 신앙의 기초를 든든하게 세우게 된다. 그밖에도 신학대학교만큼이나 많은 다양한 성경공부 과정이 개설되어 있어 성도들의 영적 성장에 기여하고 있다. 또한 전 세대가 같은 본문을 가지고 매일 말씀을 묵상하면서 생활하고 있다. 어린이와 청소년, 청년과 부모가 매일 같은 본문을 묵상하는 모습을 상상해 보라. 온누리교회에서는 성령님이 말씀을 통해 세대를 넘나드는 놀라운 역사를 하고 계신다. 매일 말씀을 묵상하고 묵상한 말씀을 나누며 그 말씀을 삶에서 적용하는 것이 전 세대의 공통적인 신앙생활 방식이다. 성도들은 구원의 기쁨만큼이나 말씀을 통해서 주시는 은혜를 기쁘게 나누고 있다.

먼저 묵상을 통해서 개인에게 주시는 하나님의 음성을 들으며 말씀의 기쁨을 누린다. 그리고 순모임에서는 교회 공동체에게 주시는 하나님의 음성을 나눔으로써 다시 말씀의 기쁨을 누리게 된다. 이 같은 교회 생활은 자연스럽게 말씀 중심의 신앙을 유산으로 물려주는 과정이 된다.

그래서 일대일 제자양육은 큐티를 매우 강조한다. 일대일 제자양육은 사도 바울이 영적인 아들인 디모데에게 보낸 편지 즉 "또 네가 많은 증인 앞에서 내게 들은 바를 충성된 사람들에게 부탁하라 그들이 또 다른 사람들을 가르칠 수 있으리라"(딤후 2:2) 한 말씀을 실현하는 영성 훈련 과정이다.

교회 생활은 가르치든지 배우든지

마틴 루터를 중심으로 진행된 종교개혁은 오직 믿음, 오직 성경, 오직 은혜를 외치면서 성경으로 돌아가자는 운동이었다. 개혁자들이 이와 같은 운동을 할 수밖에 없었던 것은 중세 시대의 교회에 이단적인 요소가 많았기 때문이다. 성경은 오직 믿음과 은혜로 구원을 얻는다고 기록하고 있음에도, 당시 교회는 자기 의를 쌓아야 곧 선행을 해야 구원을 얻을 수 있다는 내용을 포함시켰다. 성도들의 돈을 헌금이라는 명목으로 갈취했다. 더구나 예배는 뜻도 모르는 라틴어로 드렸고, 성경책은 법적으로 사제들만 소유하도록 했다. 당시 교회는 성도를 영적으로 문맹화시켰던 것이다. 이러한 상황은 성경을 벗어나도 한참 벗어난 것이었다.

말씀대로의 신앙을 추구하던 개혁자들은 더 이상 그런 상황을 묵과할 수 없었다. 그들은 구원은 오직 믿음과 은혜로 얻는 것임을 외쳤고, 예배는 자국어로 드려야 한다고 주장했다. 사제들만 소유하고 읽던 성경도 평신도들에게 돌려주어야 한다고 주장했다. 루터와 칼뱅은 교회 개혁 운동을 펼치면서 동시에 성경을 자국어로 번역하는 일에 매진했다. 하나님의 말씀인 성경이 평신도들에게 돌아간 것은 종교 개혁의 대표적인 성과라고 할 수 있다.

일대일 제자양육은 제2의 교회개혁이라고 감히 말할 수 있다. 전통적으로 성경을 가르치는 일은 목회자의 고유한 영역으로 인식해 왔다. 그러나 온누리교회는 성도도 성경을 가르치도록 했다. 그래서 일대일 제자양육은 매우 개혁적인 프로그램이다. 혹자는 평신도가 성경을 가르치는 것에 대한 위험성을 지적한다. 성경을 잘못 가르칠 경우 생겨날 위험성을 지적한 것이다. 당연한 우려라고 생각한다.

일대일 제자양육은 이와 같은 위험을 최소화하기 위해 훈련 과정을 엄격하게 진행하고 있다. 16주 동안의 동반자 과정 후 이어지는 16주 동안의 양육자 과정을 통해서 양육자로서 자질을 갖출 수 있도록 훈련한다. 많은 성도들이 그 과정이 힘들다고 입을 모은다. 그만큼 쉽지 않은 훈련이 되도록 구성하고 있다. 한편, 철저하게 교재 중심의 양육을 하도록 하고 있다. 교재를 벗어날 경우 그 위험성이 커지기 때문이다. 양육 과정에서 직면하는 신앙적, 성경적 난제들은 목회자의 도움을 받아서 해결하도록 하고 있다.

평신도가 성경책을 소유하고 자유롭게 말씀을 읽고 묵상할 수 있게 한 것이 첫 번째 종교개혁이었다면, 평신도들이 성경말씀에 근거해 다른 평신도를 말씀으로 양육하는 것은 두 번째 종교개혁이라고 할 수 있다.

하용조 목사님은 부족하면 배우고 배웠으면 가르치라는 교훈을 남기셨다. 제자는 끊임없이 배우고 가르치는 자들이라는 의미일 것이다. 일대일 제자양육을 받은 성도들은 항상 2가지 질문에 스스로 답을 하면서 신앙생활을 한다.

첫째, 나는 예수님의 제자로 살고 있는가? 참 제자는 고백과 삶이 일치하는 사람이다. 제자양육의 본질은 예수님의 인격과 성품을 닮는 데 있다. 그렇기 때문에 자신에게서 그리스도의 성품이 얼마나 드러나고 있는지를 늘 자문하는 것이 필요하다. 성도들은 예수님의 형상을 닮게 하기 위해 구원하셨다는 사도 바울의 가르침(롬 8:29)을 명심하면서 신앙생활을 한다.

둘째, 나는 제자를 양육하고 있는가? 참 제자는 예수님의 명령이 무엇인지 안다. 그래서 제자양육을 사명으로 알고 기꺼이 감당한다. 그러나 그냥 양육하지 않는다. 영혼을 사랑하는 마음으로 양육한다. 하나님의 성품에 참여하게 하기 위해 우리에게 보배롭고 지극히 큰 약속을 주셨다(벧후 1:4)는 사도 베드로의 말씀을 명심하면서 양육한다.

온누리교회에서는 1년 내내 교회의 구석구석에서 양육자와 동반자가 진지하면서도 은혜롭게 제자양육을 하는 모습을 쉽게 발견할 수 있다. 그리고 그들의 모습을 보노라면 둘 사이에서 역사하고 계신 성령님을 발견할 수 있다. 일대일 제자양육은 양육하는 모습만 보아도 도전을 받고 도전을 주는 제자훈련이다. 양육자가 누리는 축복은 물 떠온 하인들만 경험할 수 있는 특별한 하나님의 선물이라고 생각한다. 양육에 참여한 성도들은 동반자에게 여러 면에서 본을 보이려고 노력하게 되고, 그 과정에서 영적으로 성장하게 된다고 말한다. 또한 준비하는 과정 즉 양육 내용을 복습하고 중보기도를 하면서도 영적으로 성장하게 된다고 말한다. 어떤 양육자는 항상 동반자를 통해서 자신을 돌아보게 된다면서 그의 연약함을 공감하고 품어 주고 섬기는 과정에서 영적으로 성장한다고 고백한다.

일대일 제자양육은 사도 바울이 골로새 교회에게 준 권면의 말씀 "그리스도의 말씀이 너희 속에 풍성히 거하여 모든 지혜로 피차 가르치며 권면하고 시와 찬송과 신령한 노래를 부르며 감사하는 마음으로 하나님을 찬양하라"(골 3:16)를 실현하는 영성 훈련이다.

온누리교회의 대표적인 영성은 성도들 간에 영적 동반자(soulmate) 관계가 형성되어 있다는 것이다. 가르치고 배우고, 배우고 가르치는 과정이 반복되면서 자연스럽게 성도들이 하나님과 동행하는 생활은 물론 성도들과 동행하는 신앙생활을 하게 된다는 것이다. 서로를 위해 중보기도 하고, 서로를 사랑으로 섬기며, 서로의 경험을 존중히 여기고, 서로의 연약함을 품어 주면서 영적인 동반자로서 관계를 맺는 것이다. 지난 40년간 온누리교회는 사도 바울이 로마 교회 성도들에게 권면한 기뻐하는 자와 함께 기뻐하고 우는 자와 함께 울어 주는(롬 12:15) 성도들이 모인 공동체가 되었다. 이것은 일대일 제자양육이 낳은 대표적인 열매라고 볼 수 있다.

교회 생활이 행복하다

온누리교회에 부임한 지 얼마 되지 않은 목회자들에게 종종 "이전에 사역한 교회와 제자훈련이 DNA인 온누리교회와의 차이점은 무엇인가?"라는 질문을 한다.

그동안 여러 목회자가 공통적으로 대답하는 내용은 이렇다. 우선 많은 성도가 교회 사역에 능동적으로 참여한다는 것이 가장 큰 차이점이라고 한다. 대부분의 교회에서 사역의 주체는 목회자이다. 성도는 목회자를 돕는 위치에서 수동적으로 참여한다. 하지만 온누리교회의 성도들은 모든 사역에 주체자로서 능동적으로 참여한다. 둘째는 공동체나 사역의 규모가 작지 않음에도 불구하고 조직적으로 잘 운영된다는 점이다. 이는 아마도 성도가 능동적으로 사역에 참여할 수 있게 한 제자양육의 결과일 수도 있다. 마지막으로 성숙한 교인이 많다는 것이다. 사람의 뜻을 따르지 않고 하나님의 뜻을 따르는 것이 제자도인지라 성도들의 인격과 영성의 수준이 높다. 사실 신앙생활의 가장 큰 걸림돌은 교회 안에서 발생하는 리더들 간의 갈등이다. 하나님의 뜻보다는 사람의 뜻을 따르는, 심지어는 자신의 뜻을 하나님의 뜻이라고 주장하는 리더들 때문에 교회는 항상 심한 진통을 겪는다. 성도들 중에는 이런 상황이 싫어서 교회를 옮기거나 혹은 아예 교회를 떠나 버리는 경우도 있다. 갈등은 자기를 부인할 줄 모르는 미성숙한 신앙의 결과로 나타난다. 자기를 부인한다는 것은 예수님처럼 자신의 뜻을 내려놓고 하나님의 뜻을 따르는 것을 의미한다. 성숙한 신앙인은 자기의 뜻보다 하나님의 뜻을 더 우선시하기 때문에 진정한 연합을 이루면서 교회 생활을 하게 된다. 제자훈련을 받은 성도는 자기를 부인할 줄 아는 사람들이다. 미성숙한 신앙은 갈등을 유발할 가능성이 높지만 성숙한 신앙은 갈등을 봉합할 줄 알 뿐만 아니라 연합을 이룬다. 온누리교회 안에 수준 높은 성도들이 많다는 것은 제자훈련의 결과라고 할 수 있다.

일대일 제자양육이 성도들의 영적 성장에 절대적인 영향을 끼치고 있는 것은 틀림없다. 하용조 목사님 소천 이후 청빙위원들이 후임 목사를 선출하는 과정에서 보여 준 성숙한 모습과 이

재훈 목사님이 하용조 목사님의 목회를 이어받아 갈등 없이 목회를 할 수 있었던 것은 제자훈련의 또 하나의 열매라고 생각한다. 주님이 중보기도 하신 내용처럼 하나됨을 이룬 것은 제자훈련의 결과라고 볼 수 있다.

한편, 연합이 이루어진 교회에서 신앙생활을 하는 것은 행복할 수밖에 없다. 새신자들이 온누리교회에 와서 느낀 첫인상도 성도들이 교회 생활을 행복하게 하고 있다는 것이다. 이것이야말로 온누리교회가 진정한 제자 공동체로서 자리매김하고 있다는 증거라고 생각한다.

예루살렘 교회에서 보았듯이 제자 공동체는 곧 사랑 공동체였다. 일대일 제자양육을 받은 성도들은 하나님을 사랑하고 이웃을 사랑할 줄 안다. 하나님의 사랑이 흘러넘쳐서 교회와 타인에게 흘러간다. 교회를 섬기는 것도 하나님을 사랑하기 때문이다. 성도들은 서로 사랑함으로써 자신들이 예수님의 제자인 것을 자연스럽게 드러낸다. 서로 사랑하라는 예수님의 말씀에 순종하기 때문에 교회에서도 사랑이 넘칠 수밖에 없다.

온누리교회는 지금도 전도를 많이 한다. 그런데 전도해서 교회로 데리고 오는 일로 끝났다면 열매가 없었을 것이다. 전도와 양육이 균형을 이루고 있기에 사도행전적 역사가 일어날 수 있다. 이렇듯 일대일 제자양육은 새생명을 얻는 지체와 새사람으로 거듭나는 사람들이 계속 늘어나게 하는 역할을 하고 있다.

구원받는 자의 수와 제자의 수가 날마다 늘어났던 예루살렘 교회처럼 온누리교회도 동일한 역사가 일어나고 있다. 이것은 매달 거행되는 세례식을 보면 알 수 있다. 성도들은 제자로서 열심히 전도하고 처음 교회에 나온 사람들은 일대일 제자양육을 받으면서 예수님을 인격적으로 영접하게 된다. 그리고 세례를 받고 하나님의 자녀라는 새로운 신분을 갖게 된다. 구원의 기쁨과 감격이 충만한 교회의 성도들은 행복하게 교회 생활을 하게 된다. 일대일 제자양육 과정을 통해서 영적인 것들을 소화할 수 있는 그릇으로 준비된 성도들은 다양한 프로그램에 참여하면서 믿음 생활을 하고 있다.

이상에서 살펴본 바에 의하면, 일대일 제자양육은 사도행전적 교회와 영성 즉 "믿는 사람이 다 함께 있어 모든 물건을 서로 통용하고 또 재산과 소유를 팔아 각 사람의 필요를 따라 나눠 주며 날마다 마음을 같이하여 성전에 모이기를 힘쓰고 집에서 떡을 떼며 기쁨과 순전한 마음으로 음식을 먹고"(행 2:44-46)를 추구하는 영성 훈련이라고 말할 수 있다.

성령을 따라 신앙생활을 한다

그리스도인들은 공통적으로 영적 전쟁을 경험하게 된다. 이것은 우리의 내면에 본능적으로 잠재해 있는 육체의 욕망과 새로운 피조물로서 거룩하게 살려는 성령의 욕망이 항상 충돌하기 때문이다. 사도 바울도 이 내적 갈등으로 인해 자신을 비참한 사람이라고 했다(롬 7:24-25). 원하는 것은 행하지 못하고 원하지 않는 것을 행하는 자신의 한계에 부딪힌 것이다. 사도 바울도 그럴진대 우리는 일평생 성령을 따라서 살기 위해 애써야 한다. 그렇지 않으면 육체의 욕심을 따라 살 가능성이 높기 때문이다. 사도 바울은 갈라디아서 5장 16-17절에서 단호하게 성령을 따라 살 것을 강조했다. 그러므로 육체의 욕심을 따라 사는 것의 위험성은 아무리 강조해도 지나치지 않는다. 언제든지 내가 하나님의 역할을 대신하게 만드는 교만이 틈을 노리고 있기 때문이다.

육체의 욕심은 반드시 하나님의 권한을 침범하게 만든다. 그리고 멸망으로 이끌어 간다. 예를 들면 부모가 자녀를 양육할 때 부모로서 할 일이 있고 하나님께서 하실 일이 있다. 그런데 육체의 욕심에 이끌린 부모는 사랑이라는 이름으로 하나님이 하셔야 할 일을 자신이 대신하려 한다. 그 결과는 비참하다. 부모도 힘들고 자녀도 힘들 뿐 아니라 심지어 인생을 망칠 수 있다. 하나님이 하실 일을 철저하게 그분께 맡기고 자신이 부모로서 해야 할 일에 최선을 다할 때, 부모와 자녀의 삶에 자유와 누림이 있다. 내가 최선을 다해야 할 영역이 있고 하나님께 맡길 영역이 있다. 육체의 욕심은 이 경계를 허물어뜨려 내가 하나님

역할까지 하도록 만든다.

성령의 인도를 받는 것과 성령을 따라 사는 것은 같은 영적 원리로서 성숙한 제자의 특징 중 하나이다. 성령을 따라 사는 제자들에게는 2가지 공통점이 있다.

첫째, 평생 하나님의 뜻을 추구하면서 산다. 제자는 매일 말씀을 묵상하며 무엇이든지 자신의 뜻이 아니라 하나님의 뜻대로 행하길 원한다. 개인 생활은 물론 가정생활과 생업, 신앙생활의 모든 영역에서 하나님의 뜻을 묻고 그 뜻대로 행하려고 노력한다. 그런데 하나님의 뜻은 대부분 말씀을 통해서 알게 된다. 제자는 말씀 묵상을 통해 하나님의 뜻을 분별하고 그 뜻을 따라 살아간다. 성령님은 말씀을 통해서 우리를 인도하시고 우리는 말씀대로 순종하므로 성령을 따라 살아간다.

둘째, 평생 성령님의 인도하심을 받으면서 산다. 제자는 매일 기도함으로써 하나님의 인도하심을 받는다. 우리가 쉬지 않고 기도해야 하는 이유, 매일의 기도가 일상이 되어야 하는 이유는 기도가 성령님이 우리를 인도하시는 방법 중 하나이기 때문이다. 제자는 먼저 자신이 결정해 놓고 하나님의 도우심을 구하지 않는다. 먼저 하나님의 뜻을 묻고 선택한 다음 하나님의 도우심을 구한다.

제자는 하나님의 음성에 귀를 기울인다. 제자는 하나님께 묻고 그분의 음성을 들은 대로 행한다. 제자는 무엇이든지 자신이 경솔하게 결정해 놓고 하나님께서 자신이 원하는 대로 이루어 주시기를 기도하지 않는다. 우선권을 하나님께 먼저 드리고 응답을 통해서 그분의 인도하심을 받으면서 생활한다.

많은 양육자가 양육 과정에서 성령님께서 강하게 역사하고 계심을 느낄 때가 많다고 말한다. 그리고 양육이 진행될 때마다 성령님이 양육자와 동반자를 세밀하게 간섭하고 계심을 느낀다고 말한다. 또한 양육자와 동반자를 매칭하는 일은 물론 양육 과정에도 간섭하셔서 이끌어 가심을 느낄 때가 많다고 한다. 이들은 한결같이 일대일 제자양육은 성령님의 인도하심이 없으면 불가능하다고 고백한다. 이와 같은 성령님의 인도하심을 경험한 양육자와 동반자는 영적으로 성장할 수밖에 없다. 그리고 이런 경험이 반복될수록 성령님의 중요성을 더욱 인식하게 된다. 일대일 제자양육은 사도 바울이 갈라디아 교회의 성도들에게 권면한 "내가 이르노니 너희는 성령을 따라 행하라 그리하면 육체의 욕심을 이루지 아니하리라 육체의 소욕은 성령을 거스르고 성령은 육체를 거스르나니 이 둘이 서로 대적함으로 너희가 원하는 것을 하지 못하게 하려 함이니라"(갈 5:16-17)의 말씀을 실현하고 있는 영성 훈련이다.

성도들의 헌신도가 높다

일대일 제자양육을 받은 성도는 자신이 구원받은 것에 만족하지 않는다. 주님을 위해서 그리고 교회를 위해서 무엇이든 섬기고자 한다. 예수님이 삶의 우선순위가 되었고 예수님이 최고의 가치가 되었기 때문에 하나님께서 우리를 구원하시기 위해 최선을 다하신 것처럼 주님을 위해 최선을 다하고 싶어 한다. 시간이든 물질이든 주님을 위해서 드리는 헌신을 아까워하지 않는다. 제자훈련 과정에서 역사하시는 성령님의 강권하심이 자원하는 마음을 갖게 하신 것이다. 이것은 많은 제자가 교회의 다양한 사역에 적극적으로 참여하고 있는 것을 보면 알 수 있다.

제자로 훈련받은 성도들은 교회를 성경적으로 잘 이해하고 있다. 교회의 주인은 예수 그리스도이며 성도는 그분의 몸을 이루는 지체이므로 교회의 사역에서 자신이 주인 노릇 하려 하지 않는다. 교회를 겸손하게 섬긴다. 제자가 되기 전에는 교회를 위해 자신이 봉사해 준다는 생각이 강했다. 그래서 대가를 바랐고, 그 대가가 돌아오지 않으면 시험에 들었다. 그러나 일대일 제자양육을 받고 내가 곧 교회라는 사실을 깨달은 성도는 교회를 위해서 일해 주는 것이 아니라 교회로서 일한다는 새로운 인식을 갖게 된다. 이때부터 비로소 진정한 헌신의 길을 걷게 된다.

이처럼 교회를 성경적으로 이해할 때 교회 생활이 달라지고 섬김의 태도가 성숙해진다. 제자훈련을 받은 성도는 교회의 사역을 자신이 져야 할 십자가로 인식하기 때문에 교회를 섬기는 일을 당연하게 여긴다.

하용조 목사님은《사도행전적 교회를 꿈꾼다》(두란노서원, 2010, 3쪽)에서 온누리교회가 대형 교회이지만 서로 분열되지 않고 친밀하고도 역동적으로 움직이는 힘은 일대일 제자양육에서 나온다고 강조했다. 이것은 성도들이 예수님의 제자로서 겸손한 태도로 교회를 섬기기 때문에 나온 결과라고 볼 수 있다. 매일 말씀을 묵상하면서 하나님과 동행하는 것이 제자의 삶이다. 묵상을 통해서 하나님의 뜻이 무엇인지 알고 그 뜻에 순종하면서 생활하기 때문에 주님을 위한 헌신도가 높을 수밖에 없다. 훈련을 마친 많은 성도들이 자신도 모르게 주님을 위해 자원하는 마음이 생긴다고 말한다. 교회를 섬기고 싶은 마음, 훈련을 통해서 얻은 은혜를 누군가와 나누고 싶은 마음이 생긴다는 것이다. 그 중 대다수는 자연스럽게 교회 사역에 참여하고 있다. 이것은 성령님의 인도하심이 아니고서는 설명할 수가 없다. 일대일 제자양육은 사도 바울이 데살로니가 교회를 칭찬한 내용이 실천되는 영성 훈련이다.

> 너희의 믿음의 역사와 사랑의 수고와 우리 주 예수 그리스도에 대한 소망의 인내를 우리 하나님 아버지 앞에서 끊임없이 기억함이니 **살전 1:3**

비전에 이끌림 받아 신앙생활을 한다

일대일 제자양육 과정을 통해서 올바르게 제자로 훈련받은 사람들은 3가지 변화를 경험하게 된다.

첫째, 삶의 우선순위를 예수님께 둔다. 진정으로 예수님을 만난 사람은 그분 중심으로 모든 것이 재편될 수밖에 없다. 이것이 한 영혼을 변화시키는 성령님의 힘이다. 그래서 자연스럽게 자신의 은사와 시간과 소유가 하나님의 뜻을 위해 쓰임 받는 것을 비전으로 품는다. 거룩한 사역에 쓰임 받기를 원하여 자신의 은사는 물론 물질을 기쁨으로 드리는 성도들이 많은 것이 이 사실을 증명해 준다. 제자훈련이 신앙의 성숙을 가져온다는 사실은 성도들이 새로운 비전을 품는 것을 통해서 확인할 수 있다. 하나님의 은혜와 사랑을 깊이 경험하게 되면 먼저 하나님께서 자신을 통해서 이루길 원하시는 계획에 대하여 관심을 갖게 된다. 잘 먹고 잘사는 것이 인생의 목표가 되는 것을 거부한다. 하나님이 계획하신 일들에 쓰임 받는 인생이 되길 소망한다. 영적으로 더 가치 있는 일에 자신의 인생이 투자되길 원한다. 남은 인생을 하나님이 주시는 비전에 이끌림 받으며 살고자 한다. 살아가는 이유와 돈을 버는 이유, 일을 하는 이유와 자녀를 양육하는 이유 그리고 교회를 섬기는 이유가 오직 예수님께 있다. 이사야처럼 "내가 여기 있나이다 나를 보내소서"(사 6:8)를 고백하게 된다.

둘째, 가정관이 달라진다. 제자로 훈련받은 성도는 가정에 대한 태도가 달라진다. 가장이 된 것 또는 부모가 된 것은 하나님의 놀라운 계획 안에서 이루어진 것으로 고백한다. 가장이 됨과 부모됨을 하나님이 주신 사명으로 인식한다. 그래서 부부는 서로 복종하고 사랑하면서 살고자 노력하고 자녀들에게 상처 주지 않고 양육하려고 노력한다. 가정을 천국으로 만들고자 한다. 그리고 가정과 교회 생활과 직장 생활의 균형을 잃지 않는다. 이와 같이 제자훈련은 개인의 성장은 물론 가정의 성장에도 영향을 끼친다.

셋째, 직업관이 달라진다. 예수님의 제자가 된 성도들은 직장을 단순히 먹고살기 위한 수단으로만 인식하지 않는다. 직장을 하나님이 보내신 선교지로 인식한다. 그래서 직장을 하나님의 나라로 만들기 위해 맡은 일에 책임을 다하면서 수고를 아끼지 않는다.

사도들이 성령을 체험하고 난 뒤 비전에 이끌려 주님이 당부하신 사명을 감당한 것과 같은 성령의 역사가 온누리교회에서도 계속해서 일어나고 있다. 이것은 매년 수차례 진행되는 단기 혹은 장기 선교사 파송식이 증명해 준다. 하용조 목사님이 살아생전에 선포하신 이천만 비전은 이미 오래전에 달성되었다. 일개 교회가 2천 명의 선교사를 파송하겠다는 비전을 선포

했을 때 많은 교회가 반신반의했다. 그러나 성령님이 주신 비전에 이끌림 받은 주님의 제자들이 지금도 사도행전 29장을 써 내려가고 있다.

하용조 목사님은 "보내든지 떠나든지 하라"는 영적 교훈을 남겼다. 보내는 선교사가 되든지 아니면 떠나는 선교사가 되든지 하라는 것이다. 이 말은 우리가 곧 선교사이며 우리가 있는 곳이 선교지라는 인식을 갖게 했다. 이러한 선교 철학이 온누리교회에서 실현될 수 있었던 원동력은 바로 일대일 제자양육에 있다. 성도들은 일대일 제자훈련을 받고 나면 땅끝까지 가서 그리스도의 증인이 되고 그들을 제자 삼으라는 예수님의 말씀을 마음에 품게 된다. 일대일 제자양육은 사도 바울의 고백 "내가 달려갈 길과 주 예수께 받은 사명 곧 하나님의 은혜의 복음을 증언하는 일을 마치려 함에는 나의 생명조차 조금도 귀한 것으로 여기지 아니하노라"(행 20:24)를 실천하는 영성 훈련이다. 그런 점에서 일대일 제자양육은 성령 행전의 연속이라고 보아도 결코 과장이 아닐 것이다.

4. 일대일 제자양육의 잘못된 적용

일대일 제자양육을 했다고 해서 다 영적으로 성장하는 것은 아니다. 영적 성장은 제자훈련의 원칙이 지켜졌을 때 맺어지는 열매이기 때문이다. 그러므로 일대일 제자양육을 했음에도 불구하고 영적으로 성장하지 못하는 원인을 분석해 보면 다음과 같다.

일대일 제자양육을 교회 성장의 도구로만 삼았기 때문이다

교회의 양적 성장을 위해 좋다고 소문난 프로그램들을 목회에 접목하는 목회자가 종종 있다. 일대일 제자양육을 목회에 도입하는 목회자들 중에도 그런 경우가 있다. 이 경우 대개 부목사에게 일대일 제자양육의 책임을 맡기고 담임목사는 관망만 한다. 일대일 제자양육은 담임목사가 목숨을 걸고 해야만 정착할 수 있다. 3년에서 5년까지 체계적으로 동반자 과정과 양육자 과정을 진행해야만 열매를 맺을 수 있다. 그래서 온누리교회 일대일 제자양육 대외사역 팀은 해당 교회의 담임목사가 동반자 과정을 이수해야만 양육 훈련을 접목시켜 준다.

제자양육을 하려면 먼저 제자양육을 해야만 하는 당위성을 성경에서 찾아야 한다. 제자양육을 해야만 하는 이유는 무엇보다도 이것이 예수님의 명령이기 때문이다. 예수님께서 2가지 명령을 주셨는데 **첫째는 성령받고 땅끝까지 가서 증인이 돼라는 것이고**(행 1:8), **둘째는 가서 모든 족속을 제자 삼으라는 것이다**(마 28:18-20). 그동안 한국 교회는 이 2가지를 선교라는 틀 안에서 생각했다. 당연히 제자양육은 선교지에서만 하는 훈련으로 인식했다. 그러나 제자양육은 선교지에서는 물론 국내 교회에서도 해야만 하는 예수님의 명령이다. 이 명령을 단지 교회의 양적 성장을 위한 수단으로 여기는 것 자체가 실패를 예고한 모습이다. 교회의 양적 성장은 제자양육을 제대로 진행했을 때 나타나는 자연스런 결과이기 때문이다.

일대일 제자양육의 형식이 잘못되었기 때문이다

제자양육의 형식은 한 사람의 양육자가 다수의 제자를 훈련하는 형식과 한 사람의 양육자가 한 사람의 제자만을 훈련하는 형식이 있다. 한국 교회는 대개 일대 다수의 양육 형식을 취하고 있다. 그러나 온누리교회는 일대일의 형식을 취하고 있다. 제자양육은 반드시 양육자와 동반자가 각각 일대일로만 양육해야 한다. 일대일로 하지 않은 경우 그 열매가 좋지 않기 때문이다.

일대일로 양육하면 훈련의 성과가 확실하게 나타난다. 얼굴과 얼굴을 맞대고 양육하게 되면 전달과 집중이 잘된다. 동반자가 양육자의 말을 잘 듣고 있는지 혹은 양육자가 설명하는 내용을 잘 이해하고 있는지 알 수 있다. 또 동반자가 궁금한 것을 자유롭게 물어보고 답함으로써 공부한 내용을 분명하게 소화할 수 있다. 서로 대화를 나누면서 자연스럽게 훈련을 주고받게 된다. 이것은 일대 다수의 소그룹 형식에서는 기대하기 어려운 결과이다. 동반자 과정을 마친 사람이 양육자 과정에서 훈련을 받아 양육자가 되고 그 양육자가 또 다른 동반자를 양육하므로 재생산이 이루어지기 위해서는 철저한 일대일 형식의 양육이 필요하다.

사도 바울이 디모데에게 당부한 것이 재생산이었다(딤후 2:2). 일대일로 철저하게 양육해야만 재생산이 가능한 동반자를 배출할 수 있다. 만일 재생산이 되지 않는다면 일대일 제자양육은 실패한 것이다.

일대일 제자양육의 방법이 잘못되었기 때문이다

일대일 제자양육이 성경공부로 끝나면 영적 성장은 어려울 수 있다. 가르침 중심의 양육은 삶의 변화까지 이끌어내기에는 역부족이기 때문이다. 제자양육에서는 양육자와 동반자 간에 인격적 관계를 형성하는 것이 매우 중요하다. 인격적 관계는 서로가 마음을 열고 삶을 나누는 과정에서 형성된다. 이 관계가 형성될 때 동반자가 참 제자로 거듭날 수 있다.

일대일 제자양육에 실패한 교회들의 **첫 번째 공통점은 이 과정이 제자양육이 아니라 성경공부가 되었기 때문이다.** 단순한 성경공부로는 인격적 관계가 형성되기 어렵다. 삶의 변화를 기대하기 어렵다. 삶의 변화는 말씀과 그 말씀이 적용되는 삶의 경험들이 나누어질 때 일어난다. 성경을 많이 아는 것과 삶이 변화하는 것은 별개의 문제이다. 그래서 공부를 무시하고 나눔을 중시한다거나 나눔을 무시하고 공부를 중시하는 방법으로는 제자양육이 성공하기 어렵다. 가르침과 삶의 나눔이 균형을 이룰 때 영적 성장이 일어난다.

두 번째 공통점은 양육자 과정을 편법으로 운영하기 때문이다. 16주간의 동반자 과정만 운영하고 양육자 과정을 실시하지 않는다거나, 양육자 과정을 동반자 과정과 똑같이 16주로 진행하는 것을 부담스러워해 축소해서 운영하는 경우가 그런 예이다. 두 경우 모두 양육자가 갖추어야 할 영적 자질을 훈련받지 못하기 때문에 열매를 맺기가 어렵다. 병든 양육자가 병든 동반자를 낳는다는 사실은 온누리교회가 40년 동안 일대일 제자양육을 하면서 깨닫게 된 진리이다.

일대일 제자양육의 목표가 잘못되었기 때문이다

만약 일대일 제자양육의 목표가 오직 동반자의 변화에만 있다면 영적 성장은 어려울 수 있다. 사실 대부분의 제자양육은 훈련받는 사람의 변화와 성장에 관심을 둔다. 양육하는 사람의 변화와 성장에는 특별한 관심을 기울이지 않는다. 그러나 일대일 제자양육의 양육자는 동반자를 마음에 품고 양육이 끝날 때까지 해산의 수고를 해야만 한다. 하용조 목사님은 양육이란 곧 낳는 것이라고 정의했다. 동반자를 가르치는 것이 아니라 낳는 것이다. 사도 바울도 고린도 교회에 보낸 첫 번째 편지에서 "그리스도 안에서 일만 스승이 있으되 아버지는 많지 아니하니 그리스도 예수 안에서 내가 복음으로써 너희를 낳았음이라"(고전 4:15)고 했다.

한편, 양육자는 동반자 위에 군림하는 스승이 아니라 동반자의 발을 씻겨 주는 사랑으로 섬기는 스승이다. 그렇게 하면 양육자도 양육을 하면서 영적으로나 인격적으로 성장할 수밖에 없다. 양육자는 양육을 반복할수록 복음을 더 분명하게 이해하게 되고 성품이 성숙해질 수밖에 없다. 서로 말씀을 공부하고 삶을 나누는 일대일 제자양육은 가르치면서 성장하고 배우면서 성장하는 제자훈련이다. 많은 양육자가 동반자를 가르치는 것보다 자신이 배우는 것이 훨씬 많다고 고백하는 이유가 여기에 있다. 만일 일대일 제자양육이 오로지 동반자의 성장에만 목표를 두었다면 지금과 같은 영적 성장은 불가능했을 것이다.

제자양육이 교회의 리더가 되기 위한 과정이 되었기 때문이다

직분자로서 자격을 얻기 위한 과정으로서 일대일 제자양육이 진행되는 경우 십중팔구는 열매가 없게 된다. 교회의 리더가 되기 위한 조건으로 제시되었을 때 성도들의 참여도는 높을 수 있다. 그러나 내용보다는 형식에 치우칠 위험성이 높아서 실패할 확률이 높다. 물론 양육자들이 성실하게 양육에 임하면 좋은 열매를 거둘 수 있다. 그러나 동반자 과정을 마친 성도들의 간증문에서 발견할 수 있듯이, 부실한 양육으로 흐를 가능성이 높다. 그러므로 실패하는 양육이 되지 않기 위해서는 성경적으로 양육의 필요성과 중요성을 반복해서 강조할 뿐만 아니라 양육자 재교육 과정을 개설해 제자도를 유지할 수 있도록 도전을 줄 필요가 있다. 그리고 무엇보다도 양육자반에서 철저하게 제자도를 가르칠 필요가 있다. 그래야만 부실 양육의 리스크를 최소화할 수 있다.

의무적으로 양육에 참여했기 때문이다

일대일 제자양육은 양육할 수 있는 능력을 갖춘 성도만이 참여하는 것이 좋다. 전 교인을 양육에 의무적으로 참여하게 하는 것은 전 성도의 제자화라는 차원에서 긍정적인 효과가 있겠지만, 다른 한편으로는 부실 양육이 될 위험성이 높다. 여러 가지 면에서 양육할 수 있는 조건을 갖춘 성도라면 아무 문제가 없으나, 양육의 은사가 없거나 능력이 부족한 경우 부실한 양육이 될 수밖에 없다. 이 또한 동반자 과정을 마친 성도들의 간증문에서 그 증거를 발견할 수 있다. 따라서 일대일 제자양육은 양육할 수 있는 은사와 능력을 갖춘 성도를 중심으로 진행하는 것이 좋다. 만일 상황이 여의치 않다면, 철저한 훈련과 반복 교육을 통해서 제자를 낳는 양육자가 될 수 있도록 훈련해야 한다. 일대일 제자양육의 열매는 양육자에게 달려 있다고 해도 과언이 아니기 때문이다.

양육자가 동반자를 자기 제자로 만들기 때문이다

일대일 제자양육은 동반자를 예수님의 제자로 만드는 훈련이지 양육자의 제자를 만드는 훈련이 아니다. 사도행전에 보면 사도들은 자신의 제자가 아니라 예수님의 제자를 양육했다. 자신들에게 헌신하지 않고 예수님께 헌신하도록 훈련했다. 그동안 일대일 제자양육을 했음에도 열매가 부족하거나 교회에서 부작용이 발생한 경우, 대부분의 원인은 자기 제자를 만드는 양육자 때문이었다. 이런 상황은 교회의 규모가 작을수록 쉽게 나타날 수 있다. 또한 무엇보다 제자양육에 대한 이해가 부족하기 때문에 이런 현상이 나타나기도 한다. 제자양육의 근본적인 목적은 예수님의 제자를 만드는 것이다.

한편, 아무리 설명해도 귀담아듣지 않고 자기 의지대로 자기 제자 만들기에 열심을 다하는 양육자가 있다. 이런 사람은 양육자가 지켜야 할 가장 기본적인 태도를 따르지 않음으로써 일대일 제자양육의 가치를 폄훼시킨다. 이런 양육자에게는 양육의 기회를 주지 않는 것이 현명하다.

양육자가 '내가복음'을 가르치기 때문이다

일대일 제자양육은 교재가 훌륭하기 때문에 교재대로만 공부를 해도 최소한의 영적 성장을 이룰 수 있다. 그래서 양육자들에게 반드시 교재를 중심으로 양육할 것을 강조한다. 그런데 종종 교재 내용을 무시하고 내가복음을 가르치려는 양육자가 있다. 물론 이런 양육의 경우 동반자의 보고로 바로 시정되기도 하지만 근본적으로 일대일 제자양육을 과소평가하는 양육자의 태도에 문제가 있다고 본다.

한번은 동반자 과정을 마친 성도의 불평을 들은 적이 있다. 이 동반자는 양육을 받게 되었다는 기쁨과 기대를 첫 만남에서부터 버려야 했다고 한다. 양육자가 첫 만남 때부터 방언의 중요성을 강조했다는 것이다. 그 양육자는 교재 내용과 상관이 없는 일종의 내가복음을 가르친 것이다. 이것은 미성숙한 부모가 자녀들을 잘못 양육하는 것과 같다. 일대일 제자양육 교재는 신앙적으로 균형을 이루도록 편집되어 있다. 내가복음은 신앙의 균형을 깨뜨릴 뿐이다.

한편, 지나친 열정 때문에 너무 많은 내용을 동반자에게 가르치려는 양육자가 있다. 이 경우 또한 역효과를 낳는다는 사실을 기억해야 한다. 동반자 과정이란 영적으로 성장할 수 있는 기초를 닦는 과정이기 때문에 너무 많은 내용이 제시될 경우 영적 소화 불량에 걸릴 수 있다.

양육자의 태도에 문제가 있기 때문이다

양육자와 동반자의 관계는 상사와 부하의 관계가 아니다. 스승과 제자의 관계도 아니다. 멘토와 멘티의 관계 혹은 유모와 아기의 관계이다. 그러므로 양육자가 동반자 위에 군림하는 태도를 취하거나 복종을 강요하는 태도, 섬김을 받으려는 태도나 일방적으로 가르치려는 태도를 가지면 안 된다. 섬기는 스승 혹은 섬기는 리더의 태도를 가지고 양육하는 것이 일대일 제자양육의 정신이다.

사람을 변화시키고 성장시키는 일대일 제자양육의 원동력은 말씀을 가르치는 것도 있지만 그보다 더 큰 힘은 바로 양육자의 섬김의 태도이다. 양육자의 인격적인 언행과 가식이 없는 섬김 혹은 사랑의 섬김이 동반자를 변화시키고 영적으로 성장시킨다. 그러므로 일대일 제자양육은 예수님이 제자들의 발을 씻겨 주시던 심정으로 해야 한다.

제자들의 발을 씻기시는 예수님의 표정을 상상해 보라. 예수님은 제자들의 발을 억지로 씻기지 않으셨다. 앞으로 당신을 대신해서 복음을 증거할 제자들을 향한 염려와 격려와 사랑의 마음을 담아 제자들의 발을 씻기셨다. 헌신과 진정성을 담아 제자들을 섬기신 것이다. 이것이 바로 양육자의 정신이다. 그동안의 경험에 의하면 섬김을 받으려는 양육자 때문에 진정한 제자도를 배우지 못해서 안타까워하는 동반자가 여럿 있었다. 제자도는 섬김과 사랑에서 나오는 것이다.

하나님이 맡겨 주신 양들이 영적으로 성장하도록 훈련하는 것은 목회자의 책임이요 교회의 의무이다. 교회는 성도들이 그리스도의 장성한 분량까지 성장할 수 있도록 최선을 다해야 한다. 성도는 예수님의 제자로 훈련받고 성장해야 한다. 예수님의 중심 사역이 제자훈련이었다는 사실을 기억할 필요가 있다. 또한 처음 교회였던 예루살렘 교회는 제자 공동체였다는 사실도 기억할 필요가 있다.

성도는 예수님의 제자가 되어야 하고 교회는 제자 공동체가 되어야 한다. 초대교회 성도들의 영성은 믿음이 소망과 사랑과 함께 엮여 사람과 가정과 사회를 변화시켰다. 그러므로 영적 성장은 하나님의 뜻을 이루는 중요한 요소이다. 제자는 평생 하나님의 뜻을 구하면서 살아가는 사람들이다. 제자는 평생 하나님의 음성에 귀를 기울이고 그 음성에 순종으로 반응하면서 살아가는 사람들이다. 제자는 평생 어느 곳에서나, 어떤 상황에서도 신앙인으로 생활하는 사람들이다. 제자는 평생 영적으로 성장하면서 살아가는 사람들이다.

CHAPTER

일대일 제자양육과 치유와 회복

제자훈련의 여러 방법 중 하나인 일대일 제자양육은 한 영혼을 예수님의 제자가 되게 하는 것이 훈련의 목표이다. 그리고 그리스도가 다스리시는 생활을 하도록 훈련하여 사도행전 29장을 써 가게 하는 것이다. 그러므로 일대일 제자양육이 추구하는 것은 사도 바울이 디모데에게 언급했던 것처럼 사역자를 만드는 것에 있지 않고 먼저 하나님의 사람이 되게 하는 것이다.

> 모든 성경은 하나님의 감동으로 된 것으로 교훈과 책망과 바르게 함과 의로 교육하기에 유익하니 이는 하나님의 사람으로 온전하게 하며 모든 선한 일을 행할 능력을 갖추게 하려 함이라 **딤후 3:16-17**

왜냐하면 먼저 하나님의 사람으로 훈련되어야 모든 일을 하나님의 뜻에 합당하게 감당할 수 있기 때문이다.

그리고 온전한 하나님의 사람으로 훈련하는 과정에는 치유와 회복이 반드시 포함되어야 한다. 이것은 일대일 제자양육 훈련 과정을 마친 많은 사람의 고백을 통해서도 알 수 있다. 큐티와 일대일 제자양육은 2가지 공통점을 가지고 있다.

첫째는 일대일 만남이라는 점이다. 큐티는 말씀 속에서 하나님과 일대일로 만나는 것이고, 일대일 제자양육은 양육자와 동반자가 일대일로 만나는 것이다.

둘째는 치유와 회복을 경험한다는 것이다. 큐티는 하나님의 말씀을 통해서 치유와 회복을 경험하고, 일대일 제자양육은 양육자와 동반자가 삶을 나누는 과정에서 치유와 회복을 경험한다.

동반자 과정을 마친 어느 형제는 사람과의 일대일 관계를 통해서 하나님과의 일대일 관계를 회복하게 되었다고 했다. 일대일 제자양육과 큐티가 어떻게 치유와 회복을 경험케 하는지 그동안의 열매를 통해서 정리해 보고자 한다.

1. 큐티를 통해 일어나는 치유와 회복

큐티를 중요하게 여기는 일대일 제자양육

일대일 제자양육은 큐티를 매우 중요하게 여긴다. 왜냐하면 말씀 안에서 하나님과 일대일로 만나는 일은 제자의 삶에서 기본이 되기 때문이다. 그리고 말씀을 묵상하다가 경험하는 치유와 회복은 큐티가 주는 가장 큰 선물이기 때문이다. 사람은 성장 과정에서 부모의 미숙함이나 불안전한 환경 때문에 크고 작은 상처를 받게 된다. 그리고 그 상처들은 열등감, 거절감, 피해의식, 인정 욕구, 대인관계의 곤란, 우울과 분노, 두려움과 불안 등과 같은 정서적 문제의 원인이 된다.

특히 잘못 형성된 정체성은 하나님이 허락하신 삶을 불행하게 만드는 원인이 된다. 어그러진 정체성은 하나님과의 관계, 타인과의 관계 그리고 자신과의 관계에서 부정적인 영향을 끼친다. 따라서 왜곡된 정체성을 바로잡고 건강한 정체성을 회복하는 일은 매우 중요하다.

큐티는 말씀 속에서 나의 정체성 즉 하나님이 보시는 나의 참 모습을 발견하도록 해준다. 깊은 묵상은 우리를 하나님의 형상을 따라 지음 받은 가치 있는 존재라는 사실을 인식할 수 있도록 도와준다.

> 하나님이 이르시되 우리의 형상을 따라 우리의 모양대로 우리가 사람을 만들고 그들로 바다의 물고기와 하늘의 새와 가축과 온 땅과 땅에 기는 모든 것을 다스리게 하자 **창 1:26**

이로써 우리는 자존감을 회복하여 모든 상처의 근원을 치유받게 된다. 성령님은 말씀을 통해 우리의 마음과 생각을 감찰하실 뿐만 아니라 상처를 드러내셔서 치유하신다.

> 하나님의 말씀은 살아 있고 활력이 있어 좌우에 날선 어떤 검보다도 예리하여 혼과 영과 및 관절과 골수를 찔러 쪼개기까지 하며 또 마음의 생각과 뜻을 판단하나니 **히 4:12**

동반자 과정을 마친 어느 형제는 그동안 스스로의 가치를 알지 못한 까닭에 인생의 이유도 목적도 알지 못한 채 살았다고 했다. 하지만 일대일 제자양육을 통해 자신의 존재 가치를 알게 되었고 자연스럽게 삶의 이유와 목적이 분명해졌다고 했다.

큐티는 이처럼 말씀 안에서 하나님과 일대일로 만나게 해줄 뿐 아니라 일그러진 정체성을 회복시킴으로써 하나님이 바라보시는 기준으로 자신의 가치를 발견하게 해준다. 그러므로 큐티의 중요성은 아무리 강조해도 지나치지 않는다.

건강한 정체성의 모델이 되시는 예수님

자신의 존재에 대한 하나님의 생각을 아는 것은 건강한 정체성을 회복하는 데 매우 중요한 일이다. 우리는 예수님에게서 그 예를 발견할 수 있다. 인간 예수님은 자신의 정체성에 있어서 혼란을 겪거나 상처가 없으셨다. 왜냐하면 하나님 아버지로부터 사랑과 인정을 충분히 받으셨기 때문이다. 예수님은 아버지로부터 자기 존재의 소중함과 가치를 충분히 인정받으셨다. 이 사실은 예수님이 세례를 받으실 때 들은 음성을 보면 알 수 있다.

> 하늘로부터 소리가 나기를 너는 내 사랑하는 아들이라 내가 너를 기뻐하노라 하시니라 **막 1:11**

건강한 정체성을 형성하는 데 이보다 더 중요한 표현은 없다. 예수님은 아무 조건이나 이유 없이 오로지 아들이라는 사실만으로도 충분히 사랑을 받으셨고 존재의 가치를 인정받으셨다. 그 결과 예수님은 정서적으로 건강하게 생활하셨고 맡으신 사역도 능히 감당하실 수 있었다. 죽음까지도 감당하실 수 있었다.

치유와 회복으로 이끄는 큐티

큐티는 성경 말씀 안에서 하나님과 일대일로 인격적인 만남을 갖는 것이다. 다시 말하면 문자를 통해서 하나님과 대화를 나누는 것이다. 큐티하는 사람은 말씀 속에서 늘 하나님을 만나게 된다. 또한 성경 곳곳에 계시된 하나님의 성품을 알게 된다. 이 앎은 곧 나에 대한 앎으로 이어진다. 하나님을 올바로 알수록 나를 바르게 알 수 있다. 큐티하는 사람은 성경에 등장하는 인물들이 하나님과 맺는 관계를 통해 자신과 하나님의 관계를 묵상하게 된다. 그리고 예수님이 아버지로부터 들으신 "너는 내 사랑하는 아들이요 내가 기뻐하는 딸이다"라는 음성을 듣게 된다. 이로써 자신이 하나님의 사랑을 받는 자, 하나님이 기뻐하시는 자라는 올바른 정체성을 갖게 된다. 예수님을 믿고 구원을 얻으면 하나님은 우리의 아버지가 되신다. 하나님과 나는 아버지와 자녀의 관계가 된다. 큐티는 그 아버지와 매일 만남으로써 친밀한 관계를 유지하도록 해준다. 큐티하는 사람은 수고하고 무거운 짐 진 자들을 초대하시는 예수님의 부르심에 항상 응답함으로 주님과 삶을 나누게 된다.

수고하고 무거운 짐 진 자들아 다 내게로 오라 내가 너희를 쉬게 하리라 나는 마음이 온유하고 겸손하니 나의 멍에를 메고 내게 배우라 그리하

면 너희 마음이 쉼을 얻으리니 이는 내 멍에는 쉽고 내 짐은 가벼움이라

마 11:28-30

큐티를 통해 경험하는 회복

하나님과의 관계에서 자신이 사랑받는 존재라는 건강한 정체성을 회복하게 되면 다음과 같은 놀라운 사실을 경험하게 된다.

1) 자기 인식이 달라진다

대부분의 사람들은 서로 조건적으로 사랑과 인정을 주고받으면서 상처를 주기도 하고 받기도 하면서 살아간다. 그러나 하나님은 무조건적으로 우리를 사랑하시며 우리의 존재 가치를 인정해 주시는 분이다. 하나님은 우리가 강하면 강한 대로 약하면 약한 대로 사랑하실 뿐만 아니라 필요에 따라서는 있는 모습 그대로 사용하신다. 그러므로 사람은 무조건적인 하나님의 사랑을 진정으로 경험할 때 비로소 살면서 받게 된 상처를 치유할 수 있다.

하나님의 사랑을 추구하면 인간의 사랑을 추구하지 않게 되고, 하나님을 의지하면 사람을 의지하지 않게 되기 때문이다. 또한 하나님께 자신의 존재 가치를 인정받으면 자연스럽게 사람에게 인정받기 위해 노력하지 않게 되기 때문이다. 그 결과는 자

기 인식을 올바로 하는 것이다. '하나님께서 사랑하시는 나, 그분이 소중하게 여기시는 나, 그분께 필요한 나'라는 올바른 자기 인식을 갖게 된다. '하나님께서 명예를 걸고 창조하신 나' '하나님께서 당신의 이름을 걸고 창조하신 나'(사 43:7)라는 성경적인 자기 정체성을 갖게 된다. 이렇게 자기 인식을 올바로 하게 되면 그 순간부터 치유와 회복이 시작된다.

2) 타인에 대한 인식이 달라진다

사람은 자기 자신을 인식하는 방법으로 타인을 인식한다. 그래서 자기를 사랑하는 사람이 타인도 사랑할 수 있다. 자신의 존재 가치를 인정하는 사람이 타인의 존재 가치도 인정할 수 있다. 그러므로 나는 하나님께 사랑받는 자라고 인식하는 사람은 타인도 나처럼 하나님의 사랑받는 자요 하나님께서 소중히 여기시는 존재라고 인식하게 된다. 그들도 하나님이 선택하시고 축복하시고 사랑하시는 자라고 인식하게 된다. 그러면 타인의 연약함을 이해하고 공감하게 된다. 나아가 그들의 상처를 어루만지고 치유를 위해 힘쓰게 된다. 자기 인식이 올바르지 못하면 타인을 외면하지만 자기 인식이 올바르면 타인에게 더 가까이 다가간다. "네 이웃을 네 자신같이 사랑하라"(마 22:39) 하신 예수님의 말씀을 실천하게 된다. 하나님의 사랑이 나를 통해서 타인에게 전달되는 것을 경험하면서 살게 된다.

3) 자신의 인생을 살게 된다

자기 인식이 올바르지 못한 사람은 인정욕구 때문에 타인을 지나치게 의식하며 살아간다. 모든 행동의 동기가 타인의 인정과 사랑으로 수렴된다. 타인의 인정, 칭찬, 관심, 사랑이 존재 이유가 된다. 이런 사람은 자기 인생을 사는 게 아니라 타인을 위한 인생을 살게 된다.

한때 자신의 인생을 살라는 메시지를 담은 책이 유행한 적이 있다. 그만큼 우리 사회의 많은 사람이 타인에 의한 삶을 살고 있다는 것을 말해 준다. 자기 인생을 살지 못하는 사람은 혼자 있을 때와 타인과 함께 있을 때의 태도와 행동이 다르고, 상황에 따라 이중적인 태도를 취하기 쉽다. 그러나 자기 인식이 올바른 사람은 타인의 시선과 평가가 두렵지 않다.

백성의 평가를 의식하고 두려워한 사울왕은 하나님의 말씀조차 불순종했다.

> 사울이 사무엘에게 이르되 내가 범죄하였나이다 내가 여호와의 명령과 당신의 말씀을 어긴 것은 내가 백성을 두려워하여 그들의 말을 청종하였음이니이다 **삼상 15:24**

자기 인식이 올바른 사람은 타인을 두려워하는 게 아니라 오히려 타인에게 친절과 배려를 아끼지 않는다. 그것은 자기 인생을 살기 때문이다.

4) 고난을 이길 힘이 있다

하나님 아버지의 사랑을 충분히 받는 사람은 세상을 향해 담대하게 나갈 수 있다. 험한 광야도 기꺼이 지날 수 있다. 삶에서 직면하는 거친 파도도 능히 감당할 수 있다. 그들 뒤에는 하나님 아버지의 사랑과 인정이 뒷받침되고 있기 때문이다. 이것은 자녀가 아버지의 사랑을 충분히 받을 때 강건해지는 것과 같은 원리다.

고난을 이길 힘은 아버지의 사랑에서 온다. 하나님의 사랑을 받는 사람은 직면한 고난 속에서 하나님의 뜻을 발견하려고 한다. 그리고 그 고난이 자신이 예수 그리스도의 형상을 회복하는 과정에서 꼭 필요한 것이라고 인식한다. 따라서 그들은 고난 앞에서 먼저 하나님의 뜻을 구하기 위해 기도한다. 그렇게 고난에 대한 하나님의 뜻을 알게 되면 그 순간부터 고난은 더 이상 무겁지 않고 오히려 가볍게 느껴진다.

고난을 이길 힘은 하나님 아버지와의 사랑의 관계에서 나온다. 하나님의 사랑을 아는 사람은 "세상에서는 너희가 환난을 당하나 담대하라 내가 세상을 이기었노라"(요 16:33) 하신 예수님의 말씀을 자신을 응원하시는 말씀으로 받아들인다.

5) 온전한 헌신과 봉사를 할 수 있다

하나님과 사랑의 관계에 머물게 되면 섬김과 봉사의 태도가 달라진다. 그분을 위한 모든 일을 기뻐하며 감사하면서 섬길 수 있다. 왜냐하면 사랑은 자원하는 마음을 갖게 하기 때문이다. 대가를 바라거나 율법적인 태도를 가지거나 복받을 것을 기대하면서 봉사하지 않는다. 나를 드러내기 위해 봉사하지도 않는다.

흔히 교회 생활을 하다 보면 자기 의를 드러내려는 사람들로 인해 갈등이 빚어지는 경우가 종종 있다. 교회 생활을 오래 할수록 헌신으로 포장된 교만에 빠지기 쉽다. 그래서 하나님과 사랑의 관계를 유지하는 것이 중요하다. 온전한 헌신과 봉사는 하나님의 사랑 안에 있을 때 가능해진다. 예수 그리스도의 피 값을 주고 사신 교회를 사랑하는 것이 곧 하나님을 사랑하는 것임을 알기 때문이다.

> 여러분은 자기를 위하여 또는 온 양 떼를 위하여 삼가라 성령이 그들 가운데 여러분을 감독자로 삼고 하나님이 자기 피로 사신 교회를 보살피게 하셨느니라 **행 20:28**

큐티는 아무리 강조해도 지나치지 않다

큐티란 하나님과 일대일로 대면하는 시간이다. 하나님이 나에게 말씀하실 기회를 드리는 시간이다. 하나님의 말씀은 능력이 있다. 그 말씀은 영혼이 굶주린 사람들에게는 생명의 양식이 되고 병든 사람들에게는 약이 된다. 삶에 지쳐 의욕을 잃고 절망하는 사람들에게는 다시 일어설 수 있는 소망이 되며, 상처받은 사람들에게는 위로가 된다. 누구든지 그 말씀을 믿음으로 받아 먹기만 하면 그 말씀은 약이 되고 능력이 되어 상한 마음과 영을 치료한다. 그러므로 큐티를 지속적으로 하는 사람은 말씀으로 위로하시고 치료하시는 하나님의 능력을 체험하게 된다. 시편 기자의 다음과 같은 고백은 그 사실을 증명해 준다.

> 이 말씀은 나의 고난 중의 위로라 주의 말씀이 나를 살리셨기 때문이니이다 시 119:50
>
> 주의 법이 나의 즐거움이 되지 아니하였더면 내가 내 고난 중에 멸망하였으리이다 시 119:92

동반자 과정을 마친 어느 자매는 일대일 양육 과정에서 큐티를 배운 것은 너무나 소중한 선물을 받은 것이라고 했다. 자매는 사람과의 일대일 관계를 통해 하나님과의 일대일 관계를 갖는 방법을 배우게 된 것이다. 그녀는 큐티를 통해 하나님을 깊이 만날 수 있는 방법을 배우게 된 것이 가장 큰 은혜였다고 고백했다. 이것이 일대일 양육에서 항상 큐티를 동반자로 인식하는 이유이다(큐티를 더 깊이 있게 알고 싶은 사람은 저자의 저서《큐티 사랑》《큐티와 신앙》을 참고하기 바란다).

2.일대일 제자양육 과정에서 일어나는 회복

큐티와 함께하는 일대일 제자양육은 양육 과정에서 다양한 영적 회복이 일어난다. 이것은 예수님의 제자가 된 성도들의 간증문에서 발견할 수 있다. 큐티가 하나님과의 관계에서 회복을 경험하게 해준다면 일대일 제자양육은 사람과의 관계에서 회복을 경험하게 해준다. 그런 점에서 큐티와 일대일은 동전의 양면과 같이 함께해야 하는 영성 훈련 과정이다. 관계 속에서 받은 상처는 건강한 관계 속에서 치유될 수 있다. 그러므로 건강한 관계 속에 들어가면 건강한 신앙생활을 할 수 있는 가능성이 매우 높다.

서로의 마음을 여는 만남으로 시작되는 일대일 제자양육

일대일 제자양육은 양육자와 동반자가 '안녕하세요'라는 질문지를 가지고 서로 자신을 소개하면서 첫 만남이 시작된다. 양육자와 동반자가 인생에서 가장 추웠던 때와 따뜻했던 때를 나누는 것은 자신을 돌아보는 좋은 기회가 된다. 사람들은 현재 내 삶에 영향을 미치고 있는 과거의 아픔이나 상처를 굳이 끄집어내고 싶어 하지 않는다. 과거의 상처와 직면하는 것이 두렵기도 하고 아프기도 하기 때문이다. 그러나 외면할수록 그 아픔과 상처는 내 삶을 지배하게 된다. 첫 만남에서 이와 같은 질문에 답하는 것은 서로를 이해하는 기회가 될 뿐만 아니라 서로를 위한 중보기도 제목이 된다. 그리고 앞으로 16주 동안 함께하면서 성령님이 그 아픔과 상처를 치유할 것이라는 기대를 갖게 해준다. 상담 전문가들은 자신의 아픔을 나누는 것만으로도 이미 치유가 시작되었다고 한다. 이와 같이 일대일 제자양육은 성령의 간섭하심과 치유하심으로 시작된다.

양육 과정에서 치유와 회복을 경험하는 일대일 제자양육

일대일 제자양육의 특징은 일방적인 가르침이 아니라 말씀에 근거하여 양육자와 동반자가 서로 신앙과 삶을 나눈다는 점이다. 이런 양육 방식은 양육자와 동반자가 함께 성장하게 해준다. 양육자는 가르치면서 성장하고 동반자는 배우면서 성장한다. 큐티가 하나님과의 관계에서 자신의 정체성을 회복하여 건강한 신앙인으로 살게 한다면, 일대일 제자양육은 사람에게 받은 상처를 사람과의 관계에서 치유하고 회복하게 만든다. 이 때문에 일대일 제자양육은 양육자와 동반자 간의 삶의 나눔을 매우 강조한다. 이것은 이미 수차례 시행착오를 겪고 나서 얻은 결론이다. 가르침만으로는 지식은 쌓을지 몰라도 변화와 성장으로는 이끌지 못한다. 삶의 다양한 문제를 말씀에 근거해 나누고 말씀에 합당한 결론을 내릴 수 있어야 변화도 성장도 이루게 된다. 상처가 치유되지 못하면 영적 성장도 없다. 신앙 성장과 상처 치유는 별개의 문제가 아니라 하나의 문제로 보아야 한다. 이와 같이 사람에게 받은 상처를 사람을 통해서 치유한다는 것이 일대일 제자양육의 장점이라 할 수 있다.

일상생활에서 신앙과 삶의 문제를 진지하게 누군가와 대화하기는 쉽지 않다. 전문 상담가를 찾아간다면 모를까 자신의 심정을 솔직하게 토로할 수 있는 기회가 흔하지 않다. 아무리 관계가 좋은 부부라도, 아무리 친밀한 가족이라도, 신앙과 삶의 문제를 놓고 16주간의 분량만큼 나눔을 하기는 어려울 것이다. 일대일 제자양육은 16주 동안 신앙과 삶의 문제를 다루면서 성령께서 일하고 계심을 경험하게 된다.

훈련을 마친 제자들의 간증을 통해 양육 과정에서 어떤 치유가 일어나는지 살펴보자.

1) 일대일 제자양육은 자존감을 회복시켜 준다

자존감이 낮은 사람이 낯선 사람과 속마음까지 나누는 일은 쉽지 않다. 이런 사람들은 크게 마음먹지 않으면 일대일 제자양육을 시작하는 것이 거의 불가능하다. 그런데 우리 주변에는 자신의 존재 가치를 스스로 인정하지 못하는 사람이 의외로 많다. 일등이 아니면 모두가 실패자라는 우리 사회의 잘못된 인식 때문이겠지만, 그런 사람이 점점 늘어나고 있다는 것은 안타까운 일이다. 그런데 일대일 제자양육은 자존감을 회복시켜 준다. 동반자를 향한 양육자의 사랑과 섬김이 16주 동안 계속되면서 동반자는 자신이 소중한 존재라는 사실을 인식하고 받아들이게 된다. 양육자의 섬김과 환대를 통해서 자기 자신을 사랑하는 마음이 회복된다. 그리고 말씀을 통해서 나는 하나님의 사랑을 받는 존재라는 것, 하나님께 매우 소중한 존재라는 것을 깨닫고 바른 정체성을 갖게 된다.

동반자 E자매는 은혜와 절망 사이를 오가면서 생활하던 중 일대일 제자양육을 받게 되었다. 그녀의 양육자는 첫 만남에서 그녀의 손을 따뜻하게 잡아 주면서 사랑한다고 말해 주었다. 그 순간 자매는 마음이 열렸다. 그렇게 시작된 일대일 양육이 그녀에게 준 최고의 선물은 자신의 정체성을 회복한 것이었다. 그녀는 하나님은 성경 속에만 계시는 분이 아니라 자신과 함께하시는 분임을 믿게 되었다. 하나님은 그녀가 깨닫기 전부터 그녀를 택하셔서 지금까지 인도하셨으며 앞으로도 자신의 삶 속에서 역사하시리라는 사실을 믿게 되었다. 자신의 정체성을 하나님 안에서 찾게 된 그녀는 이사야서 44장 1-2절 말씀을 자신에게 주신 말씀으로 붙잡고 살겠다고 했다.

> 나의 종 야곱, 내가 택한 이스라엘아 이제 들으라 너를 만들고 너를 모태에서부터 지어 낸 너를 도와 줄 여호와가 이같이 말하노라 나의 종 야곱, 내가 택한 여수룬아 두려워하지 말라 **사 44:1-2**

동반자 J형제는 자신의 신앙을 점검하는 차원에서 동반자 과정을 시작했다고 한다. 그런데 양육을 마친 후 그의 생각이 180도 바뀌었다. 이제부터 예수님을 위한 바보가 되겠다는 그는 '나는 그리스도인입니다'라는 문구를 새긴 배지를 주문 제작해서 옷에 붙이고 다니기로 했다. 자신의 정체성을 분명하게 드러내고 싶었던 것이다. 배지 제작을 할 때 그는 눈에 잘 안 띄는 구릿빛으로 주문했다. 하지만 배달된 배지는 황금빛이었다. 의도와 다르게 너무나 눈에 잘 띄는 배지가 배달된 것이다. 그는 이를 그리스도인으로서 분명한 정체성을 가진 사람으로 살아가라는 하나님의 뜻으로 받아들이고 기꺼이 옷에 붙이고 다닌다.

동반자 L자매는 모태 신앙인이면서도 기복적인 신앙생활을 하였고 기쁨이 없는 생활을 하고 있었다. 그녀는 자신을 매우 싫어했다. 영과 육이 온전히 건강한 사람이 되고 싶었지만 나약하기만 한 자신이 싫었다. 하나님이 원하시는 사람이 아니라 세상이 원하는 사람이 되고 있는 자신이 싫었다. 그런 자신을 숨기고 싶어 남을 돕고 살았다. 하지만 그럴수록 영적인 병은 깊어만 갔다. 하나님이 그녀를 용서하지 않을 것 같아서 그분과 일대일로 교제하는 것이 두려웠다. 일대일 양육은 자기혐오와 두려움으로 가득한 그녀의 삶을 완전히 바꿔 놓았다. 양육자와의 진정한 교제는 하나님과의 교제로 들어가게 해주었다. 이제는 하나님과 단둘이 있어도 두려워하지 않게 되었다. 하나님은 항상 자신을 긍휼이 여기시는 분이라는 사실을 아는 순간 영적으로 곪아 있던 내면의 많은 상처가 치유되었다. 특히 자신이 하나님의 사랑을 받는 존재라는 사실을 알게 된 것은 일대일을 통해서 얻은 가장 큰 복이었다

이와 같이 일대일 제자양육은 하나님의 사랑을 깨닫고 자신의 정체성을 회복시켜 건강하게 생활할 수 있게 해준다.

2) 일대일 제자양육은 인간관계를 회복시킨다

사람에게 상처를 받은 경험 때문에 누군가와 교제하기를 꺼리는 사람들이 많다. 또 다른 상처를 받게 될지도 모른다는 불안과 두려움 때문에 일종의 방어기제로서 교제를 거부하는 것

이다. 이런 사람들에게 일대일 제자양육은 부담스러울 수밖에 없다. 그래서 교회 등록을 미루다가 10년 세월을 훌쩍 넘긴 성도도 여러 명 있다. 그러나 막상 일대일 동반자 과정을 시작하고 나면 그런 우려는 기우에 지나지 않는다는 것을 알게 된다. 훈련을 마친 많은 성도의 간증이 이를 입증한다. 양육자와 16주 동안 말씀으로 교제하는 시간을 가지면서 동반자는 오랫동안 자신을 괴롭힌 불안과 두려움을 극복하게 된다.

동반자 과정을 하고 있던 어느 자매가 새신자 환영 모임에서 울면서 고백한 말이 있다. 그때까지 그녀는 누구도 자신의 말을 경청해 준 적이 없다고 했다. 그런데 양육자가 자신의 말을 끝까지 들어주었고, 그때마다 자신이 존중받는다는 느낌을 받았다고 했다. 이때부터 양육자와 허물없이 대화를 나눌 수 있게 되었다는 그녀는 이제 타인과도 진심을 다해 대화를 나눌 수 있는 기쁨을 누리게 되었다고 했다.

동반자 J자매는 동반자 과정을 통해서 교제의 기쁨이 무엇인지 알게 되었다고 고백했다. 그녀는 양육자와 서로 삶을 나누면서 내면의 고통을 덜게 되었고 갈등 문제를 해결할 수 있었다. 양육자는 자기 경험을 토대로 동반자가 고백한 문제들에 대한 답을 적절하게 나누어 주었다. 양육자는 사람에 대한 실망이 상처가 된 동반자에게 "사람을 의지하지 마세요. 사람은 의지할 대상이 아니라 사랑해야 할 대상일 뿐입니다"라고 말해 주었다. 그녀는 양육자와의 관계를 통해서 타인과 상처받지 않고 교제하는 법을 배울 수 있었다. 그녀는 싫은 표정 없이 자신이 하는 말에 귀를 기울여 준 양육자, 자신의 아픔에 눈물 흘려 준 양육자에게 감사한다고 했다.

동반자 P자매는 일대일 양육 과정에서 눈물을 흘리지 않은 날이 없다고 했다. 그녀는 믿음이 없는 자로 보이지 않으려고 누구하고도 터놓고 자신의 내면의 아픔을 말한 적이 없다고 했다. 그런데 일대일 과정에서 마음의 문이 열렸고, 양육자에게 자신의 외로움을 토로하면서 놀라운 변화를 경험했다. 그녀는 타인에게 폐 끼치기 싫어서 남의 집을 방문한 적도, 타인을 자신의 집에 초대한 적도 없었다. 그런데 양육자의 초대로 가게 된 양육자의 집에서 감동적인 섬김을 받았다. 그녀를 위해 정성껏 준비한 차와 케이크 그리고 손수 만든 잔국수…. 그날의 감동으로 그녀는 섬김은 거창한 것이 아니라 정성임을 알게 되었다. 인간관계도 그렇게 해야 한다는 것도 알았다.

동반자 K자매는 자신의 아픔을 들어주고 이해해 줄 사람이 필요해서 일대일 양육을 신청했다. 당시 그녀는 사람들과 교제하는 데 어려움을 겪고 있었는데 일대일 양육을 통해 기대했던 것보다 더 큰 선물을 받게 되었다. 양육자와 나눔의 시간이 반복되면서 지체 의식이 싹텄고, 누군가와 함께 삶을 나누는 것의 소중한 가치를 깊이 인식하게 된 것이다.

이와 같이 일대일 제자양육은 사람 때문에 닫힌 마음의 문이 사람에 의해 다시 열리는 경험을 선사한다. 사람에게 받은 상처를 사람을 통해서 치유하게 만든다.

3) 일대일 제자양육은 내적 치유가 일어나게 한다

일대일의 가장 큰 특징 중 하나는 양육자의 일방적인 가르침이 아니라 대화 방식으로 양육을 한다는 것이다. 그리고 교재를 중심으로 양육을 하지만 교재가 제시하는 다양한 문제들을 중심으로 서로 삶을 나누는 것이 또 하나의 특징이기도 하다. 그동안의 경험에 의하면 가르치는 것으로 끝나는 양육은 열매가 크지 못했다. 양육 과정에서는 일상생활에서 직면하는 다양한 삶의 문제들을 서로 솔직하게 토로하면서 성경적인 결론을 내기도 하고 서로 중보기도로 돕기도 한다. 이러한 과정에서 놀랍게도 내적 치유가 일어나게 된다.

동반자 과정을 마친 어느 형제는 양육 과정이 결코 쉽지 않았지만 자신이 말을 더 많이 해야만 하는 양육 방법 때문에 그동안 내면에 쌓여 있던 신앙과 삶에 관한 다양한 문제들을 나눌 수 있었고, 그 결과 많은 회복을 경험하게 되었다고 했다.

이처럼 자신의 내면을 드러내는 것만으로도 놀라운 회복이 일어난다. 이것은 성령님이 양육 과정에서 하시는 중요한 일 중 하나이다. 동반자 과정을 마친 사람들은 양육 과정에서 다양한 회복을 경험하게 된다.

동반자 C형제는 일대일 양육 과정을 통해 자신의 연약함과 그 연약함의 원인을 알게 되었다고 했다. 자기 욕심과 자기중심적인 생각 그리고 내가 주인이 되려는 태도가 그가 직면해야만 했던 수많은 문제의 원인이었으며, 그것이 자신에게 많은 상처를 입히고 있음을 알게 되었다. 그는 동반자 과정에서 자신과 타인 그리고 하나님 앞에서 솔직한 사람이 되기 위해 노력했다. 그리고 자신의 연약함을 있는 그대로 받아 주시는 하나님을 만나고부터 예수님께 주권을 이양할 수 있게 되었다고 했다. 예수님과의 관계가 회복되자 사람들과도 깊은 교제가 가능해졌다고 했다.

동반자 K형제는 지나치게 감정적이고, 자신감이 없으며, 고집스러운 사람이었다고 자신을 소개했다. 또한 결단력이 부족해 행동으로 옮기지 못하고 생각으로만 그치는 일이 많았다고 했다. 그런데 양육을 받는 동안 놀라운 변화가 일어났다. 그는 평소 계획대로 되지 않는 것을 받아들이기 어려워하는 성향이었다. 하지만 양육 과정을 거치면서 모든 일의 주관자는 하나님이시며 그분의 계획 아래 나의 계획을 내려놓는 것이 신앙이라는 것을 알게 되었을 뿐 아니라 순종하게 되었다. 이때부터 그에게 참된 평안이 찾아왔다. 그러자 나쁜 감정을 그대로 표현하지 않게 되었고 말투도 따뜻하게 바뀌었다. 주님을 신뢰하니 마음에서 두려움도 사라졌다. 게다가 좀처럼 마음을 열지 않던 사람들에게도 조금씩 마음을 나눌 수 있게 되었다.

동반자 B자매는 낯선 사람과 속마음을 나누는 일이 불편한 사람이었다. 하지만 양육자와의 만남이 거듭될수록 그리고 성경 말씀을 공부할수록 자기만의 세계에 갇힌 자신을 발견하게 되었다. 또한 지난 2년간 홀로 돌아가신 어머니를 병간호하느라 생긴 형제들에 대한 미움과 하나님을 향한 원망이 자기 안에 가득 쌓여 있음을 알게 되었다. 그런데 놀랍게도 일대일을 하면서 미움과 원망이 사라지고 가족을 미워하기보다 긍휼히 여기게 되었다. 주님 안에서 살아가는 것에 대한 기쁨과 행복을 회복한 그녀는 삶의 이유와 목적을 세상 것을 얻는 데 두지 않고 하늘의 것을 추구하는 데 두게 되었다. 일대일 양육을 통해서 삶의 목표가 완전히 재조정된 것이다. 그녀는 말씀과 교제를 통해서 위로하시고 치유하시는 하나님을 만난 것이 일대일의 가장 큰 복이라고 고백했다.

동반자 K형제는 일대일 양육 과정이 괴로웠다고 했다. 왜냐하면 감춰 둔 줄도 몰랐던 자신의 허물과 연약함, 부족함과 끊임없이 마주해야 했기 때문이다. 하지만 회를 거듭할수록 자신을 옭아매던 줄이 하나씩 풀리면서 종국에는 성령님이 주시는 평안을 회복하게 되었다. 또한 평소 중요하게 여기던 모임들이 그 의미를 잃게 되면서 그 자리를 영적 교제로 대체하는 변화를 경험했다. 양육을 마친 후에는 하나님이 기뻐하시는 거룩한 산 제물이 되는 생활을 하기로 결단했다. 그 과정에서 치러야 할 영적 전쟁도 성령님의 인도하심에 맡기겠다고 했다.

이와 같이 일대일 제자양육은 허물과 상처를 드러낼 뿐 아니라 치유와 회복으로 이끌어 준다.

4) 일대일 제자양육은 영적 회복을 가져다준다

일대일의 최고 장점은 신앙을 체계화시켜 준다는 것이다. 신앙생활을 막 시작한 사람은 물론 교회 생활을 오랫동안 한 사람도 산발적으로 알고 있던 성경 지식과 신앙 주제들을 하나로 꿰어 정리하게 된다. 어떤 동반자는 그동안 신앙생활을 하면서 몰랐던 사실들을 말씀을 통해 해답을 찾았다 했고, 어떤 동반자는 양육자가 성장 과정에서 경험했던 성장통이 자신의 문제를 해결하는 데 큰 도움이 되었다고 했다. 어떤 동반자는 성경 찾아 쓰기, 성경 암송하기, 큐티와 주일 설교 기록하기 등의 과제를 하면서 하나님의 말씀을 더 깊이 이해하게 되었다고 했다. 성경 암송이 가장 부담스럽다던 어느 형제는 어느 날 자신이 암송한 말씀대로 살아가는 모습을 발견하고 놀랐다고 했다. 어느 형제는 하나님을 만난 이후 그분을 더욱 알고 싶었지만 기회가 없어 목말랐는데 일대일 양육이 그 갈증을 해소시켜 줬다고 했다. 전에 다니던 교회에서 사역만 하던 어느 자매는 일대일 양육을 통해 영적으로 성장하는 자신을 발견하고 너무 감사했다고 했다.

많은 동반자는 16주 양육 과정을 거치는 동안 예수 그리스도가 다스리시는 삶을 배울 뿐 아니라 그렇게 살려고 노력한다. 생활 패턴을 예수님 중심으로 재편하는 동반자도 많다.

동반자 L자매는 주일 설교를 기록하는 숙제를 위해 목사님의 설교를 집중해서 듣다가 말씀의 은혜에 깊이 빠지게 되었다고 한다. 또한 큐티를 하면서 하나님의 말씀을 아침마다 묵상해야 하는 이유를 알게 되었다면서 이제는 매일 말씀으로 하나님과 교제하는 것이 생활의 일부가 되었다고 했다.

동반자 L형제는 양육을 통해서 자신의 생활이 밝아졌다면서 미래에 대한 비전도 품게 되었다고 한다. 그는 매일 큐티와 기도를 통해서 얻는 지혜와 능력으로 돈, 사업, 인간관계 등에서 발생하는 문제들을 성경적으로 해결할 수 있게 되었다고 했다. 그는 일대일 제자양육을 통해서 신앙이 회복되고 제자의 삶을 배우게 된 것이 가장 큰 복이었다고 했다.

동반자 S형제는 동반자 과정을 마친 후 앞으로 신앙생활을 어떻게 해야 하는지를 분명하게 알게 되었다고 한다. 그는 그동안 기계적으로 신앙생활을 하고 있었다. 기도는 당연히 필요할 때만 했다. 하지만 양육 후 스스로 기도하고 스스로 말씀을 묵상하는 능동적인 신앙인이 되었다. 그는 일대일 양육을 통해 스스로 설 수 있는 신앙인으로 변화되었다고 말했다.

동반자 L형제는 '인간이란 무엇인가'와 '진리란 무엇인가'라는 두 가지 질문을 가지고 살았다. 그는 2천 년 전의 예수님과 그분의 말씀에 대한 의심이 많았다. 그리고 직접 보지도 경험하지도 못한 예수님을 의심하지도 않고 믿는 사람들을 항상 의아해했다. 그런 그에게 동반자 과정은 오랜 세월 의심하고 질문하던 문제들에 대한 답을 제시해 주는 시간이었다. 후에는 그가 붙든 질문과 의심은 영적 성장을 위한 시간이었다는 사실도 알게 되었다. 그런 그를 끝까지 인내하면서 기다려 준 아내와 양육자에게 감사드렸다.

동반자 K자매는 양육자가 만날 때마다 준비해 온 따뜻한 차와 간식 덕분에 분주하고 빡빡한 직장생활로 지친 마음과 몸을 따뜻하게 녹일 수 있었다고 고백했다. 양육자는 동반자가 가정생활과 회사 생활, 개인의 문제들을 나눌 때마다 하나님의 말씀으로 적절한 가르침을 주었다. 이렇게 신앙과 삶의 문제를 내어놓고 함께 고민하고 서로 중보기도 하면서 그녀는 영적으로 성장할 수 있었다.

이와 같이 일대일 제자양육은 다양한 신앙의 문제를 해결해 줄 뿐 아니라 성숙한 신앙인으로 자라도록 훈련하는 영적 성장의 토대가 된다.

일대일 제자양육 과정에서 일하시는 성령님

지금까지 큐티와 일대일 제자양육이 어떻게 치유와 회복을 일으키는지 동반자 과정을 마친 여러 증인의 간증을 통해서 확인할 수 있었다. 성령님은 양육 과정에서 동반자의 상처와 모난 곳을 말씀으로 치유하시고 다듬어 주신다. 성령님은 양육자의 헌신적인 사랑과 섬김을 통해서 일하신다.

동반자 과정을 마친 어느 형제는 불의의 사고로 다 큰 딸을 잃어버린 뒤 오랫동안 갈 바를 모르고 방황했다. 지인의 인도로 교회에 오게 된 그는 일대일 양육을 통해 하나님을 깊이 만날 수 있었다. 그리고 언젠가 사랑하는 딸을 다시 만날 수 있다는 부활의 소망을 가지게 되었다. 사랑하는 딸이 아버지인 자신에게 죽음을 통해서 믿음을 선물로 주었다고 생각하니 딸에게 부끄럽지 않게 살아야겠다고 다짐했다고 했다. 이와 같은 회복과 위로는 앞으로 참여하게 될 동반자들에게 대를 이어서 계속 흘러갈 것이다.

일대일 제자양육은 동반자의 영적인 성장뿐만 아니라 동반자가 온전한 사람으로 설 수 있도록 성장시키는 참으로 귀하고 소중한 훈련이다. 온누리교회 안에서 일대일 제자양육이 진행되는 한 성령님은 동반자 과정 내내 양육자와 함께 말씀으로 치료하시고 회복시키는 일을 계속 행하실 것이다. 일대일 제자양육은 성령님과 함께하는 제자훈련이다.

> 우리가 그를 전파하여 각 사람을 권하고 모든 지혜로 각 사람을 가르침은 각 사람을 그리스도 안에서 완전한 자로 세우려 함이니 골 1:28
> 이를 위하여 나도 내 속에서 능력으로 역사하시는 이의 역사를 따라 힘을 다하여 수고하노라 골 1:29

CHAPTER

4

일대일 제자양육과 큐티

일대일 제자양육 과정에서는 큐티를 매우 중요하게 여긴다. 큐티는 예수님의 제자로서 살게 해주는 영성의 도구가 되기 때문이다. 그러므로 큐티가 없는 일대일 제자양육은 있을 수 없을 뿐 아니라 큐티가 없는 제자의 삶도 있을 수 없다.

제자훈련에서 가장 우선되어야 하는 것이 일상에서 하나님과 일대일로 독대하는 시간이다. 예수님도 3년 동안 제자훈련과 여러 사역에 매진하셨지만 가장 우선순위로 두신 것이 하나님과 독대하는 시간을 갖는 것이었다(막 1:35, 눅 5:15-16). 그분의 삶과 사역은 아버지와 인격적인 만남에서 나왔다고 해도 틀린 말이 아닐 것이다. 따라서 말씀 속에서 하나님과 일대일로 만나게 하는 큐티는 제자훈련의 필수 과정인 동시에 제자가 사는 방법이어야 한다.

큐티는 하나님이 나에게 말씀하시도록 시간과 기회와 공간을 드리는 시간이다. 예수님의 제자로 살아가는 데 있어 일대일 제자양육과 큐티가 어떻게 구체적으로 연관되어 있는지 살펴보자.

1. 일대일 제자양육과 큐티의 상호작용

일대일 제자양육 교재 내용에 큐티가 포함된 것은 그만큼 큐티와 일대일의 관계가 밀접하기 때문이다. 큐티가 없는 일대일은 불가능하다. 그리고 일대일 없는 큐티도 불가능하다. 큐티와 일대일은 동전의 양면처럼 떼어 놓을 수 없는 관계에 있다. 그 이유를 설명하면 다음과 같다.

일대일 제자양육은 묵상을 올바로 할 수 있도록 훈련한다

목회자나 신학자들 중에는 평신도들이 신학적 훈련 없이 성경을 묵상하는 것이 매우 위험하다고 생각하는 분들이 많다. 목회자가 지도하는 성경공부만이 가장 안전하다고 판단해서 큐티를 무시하는 경향이 있다. 일대일 제자양육에서는 성부 성자 성령 등 삼위일체 하나님은 물론 신앙생활에 필요한 내용을 주제별로 관련된 성경 말씀을 가지고 공부하고 있다. 성경을 올바로 이해할 수 있고 적용할 수 있는 일종의 신학적 기초 훈련을 하는 것이다. 또한 교재의 모든 내용이 성경에 근거하므로 자연스럽게 성경적으로 판단하고 사고하는 훈련을 하게 된다. 뿐만 아니라 양육자와 동반자가 같은 본문을 묵상한 뒤 나눔으로써 서로에게 점검을 받게 된다. 내가복음이 되는 위험을 최소화하는 것이다. 일대일 제자양육을 잘 받아야 큐티를 잘할 수 있고 큐티를 잘해야 양육 훈련의 결과가 극대화될 수 있다.

일대일 제자양육은 거룩한 습관을 갖도록 훈련한다

일대일 양육이 끝난 뒤 가장 중요한 것은 이후로도 하나님과 지속적인 인격적 관계 안에 머무는 것이고 일상에서 예수님의 제자로 사는 것이다. 그렇지 않다면 일대일 제자양육은 일회성 훈련에 불과하게 되며 사람을 변화시키고 새롭게 하며 재생산되는 성령의 역사는 일어나지 않을 것이다.

그런데 일대일 제자양육을 정상적으로 마친 사람들에게는 새로운 생활 습관이 생기게 된다. 이것을 거룩한 영적 습관이라고 부른다. 그 습관은 바로 큐티가 일상이 되는 것이다. 다시 말하면 기록된 성경 말씀 안에서 매일 하나님과 교제하는 것이 일상이 되는 것이다. 그 결과 양육 이후에도 여전히 말씀을 통해서 하나님과 인격적 관계 안에 머물 뿐 아니라 예수 그리스도의 제자로서 살아가게 된다.

말씀을 묵상하는 것은 하나님과 교제하는 것이고 묵상을 일상에 적용하는 것은 곧 제자의 삶인 것이다. 동반자 과정을 수료한 어느 목회자가 큐티가 일상이 된 것이 자신의 삶에서 가장 큰 변화였다고 고백하는 간증을 들은 적이 있다. 이와 같이 큐티는 일대일 제자양육 수료 후에도 말씀을 통해서 성령의 인도하심을 경험하며 살도록 한다.

큐티는 일대일 제자양육을 더욱 풍성하게 해준다

　동반자 과정이나 양육자 과정에서는 큐티 나눔이 지속적으로 이루어진다. 왜냐하면 큐티가 과제로 주어지기 때문이다. 그래서 훈련생들은 매일 큐티를 해야만 한다. 큐티는 자율적으로 하는 것이지만 사실 큐티를 할 수밖에 없는 상황에 있을 때 더 잘할 수 있게 된다. 큐티가 일상의 습관이 될 때까지는 이렇게 강제성을 띠는 것도 한 방법이다. 매일 말씀을 통해서 하나님의 음성을 듣고 그 음성을 따라 순종할 때 개인의 인격과 성품에 변화가 일어나고 나아가 예수님을 닮아 가는 삶으로 변화된다. 하나님의 뜻을 이루는 인생이 되는 것이다. 일상에서 하나님의 뜻을 이루며 사는 것이 곧 제자의 삶이다.
　큐티는 양육자와 동반자가 묵상한 말씀과 적용한 삶을 진솔하게 나누는 영적인 교제 안에 머물게 한다. 그러면서 자연스럽게 두 사람은 영적인 삶의 동반자가 된다. 그리고 양육 과정에서 이루어지는 큐티 나눔은 양육자와 동반자가 동일하게 성령의 인도하심을 받게 한다.

이상에서 살펴보았듯이 일대일 제자양육은 큐티를 성숙하게 할 수 있도록 훈련하고, 큐티는 하나님과 친밀한 관계 안에서 예수님의 제자로 살도록 이끈다. 일대일 제자양육을 요청하는 목회자에게 먼저 성도들에게 큐티를 가르치도록 권유하는 이유가 이 때문이다.

2. 일대일 제자양육과 큐티의 공통점

일대일 제자양육에 있어서 큐티의 필요성은 아무리 강조해도 지나침이 없다. 그만큼 일대일 제자양육과 큐티는 불가분의 관계에 놓여 있다. 다음은 일대일 제자양육에 있어서 큐티가 왜 필요한지를 설명하고 있다.

하나님과 소통하는 신앙생활로 이끈다

하나님의 형상을 따라 창조된 인간은 하나님과 인격적으로 교제하면서 살게 되어 있다. 인간은 하나님과의 관계 속에서만 존재의 의미를 찾을 수 있다. 하나님과의 관계가 친밀할수록 인간 존재의 가치가 높아지며 반대로 하나님과의 관계가 소원할수록 인간 존재의 가치가 폄하된다. 사도 바울은 우리가 하나님의 아들 예수 그리스도와 함께 교제하도록 부르심을 받았다고 했다(고전 1:9). 이것은 하나님과 교제하면서 사는 것이 구원받은 사람들의 생활방식이 되어야 한다는 것을 의미한다. 예수님을 믿고 구원을 얻었다는 것은 하나님과 자녀의 관계가 되었다는 것을 의미한다. 그러나 자녀가 되었다고 해서 저절로 아버지 하나님과 친밀한 관계를 갖게 되는 것은 아니다. 하나님과의 친밀한 관계 안에서 얻어지는 놀라운 선물을 모른 채 예수를 믿는 사람이 의외로 많다. 하나님 아버지와 친밀한 관계를 지속적으로 갖기 위해서 절대적으로 필요한 것이 바로 큐티이다. 큐티는 하나님과 교제하면서 살게 해주는 최선의 방법이라고 생각한다. 큐티하는 사람은 성경을 통해서 말씀하시는 하나님의 음성을 들을 수 있다. 그리고 기도를 통해서 자신의 생각을 하나님께 나눌 수 있다. 그러므로 성경을 읽고 묵상하는 일은 하나님과 소통하면서 살게 해줄 뿐만 아니라 자신을 향한 그분의 뜻을 알고 그 뜻에 순종하면서 살게 해준다.

제자는 삶의 우선순위를 예수님께 두고 사는 사람이다. 예수님은 자기 부모와 아내와 자식과 형제 혹은 자매와 자기 생명일지라도 주님보다 더 사랑하는 사람은 당신의 제자가 될 수 없다고 말씀하셨다(눅 14:26). 제자는 예수님과의 관계를 가장 중요하게 생각한다. 제자는 주님을 위해 많은 섬김과 봉사에 참여하지만 말씀 속에서 주님과 인격적으로 교제하는 것을 항상 우선으로 여긴다. 제자는 마르다처럼이 아니라 마리아처럼 신앙생활을 한다. 제자는 주님과 소통 없이 일만 하는 자가 아니라 주님과의 친밀한 관계에서 오는 기쁨을 누리는 가운데 섬기는 자이다. 그러므로 큐티는 제자의 삶의 필수이며 제자는 큐티를 통해 하나님과 소통하게 된다.

신앙적으로 사고하도록 한다

큐티는 기존의 우리의 마음과 생각, 행동이 하나님의 말씀에 합당하도록 항상 도전한다. 매일 큐티하는 사람은 말씀 묵상을 통해서 형성된 하나님의 관점으로 삶과 일, 관계를 바라보므로 부부관계, 자녀 양육, 직장 생활 등 모든 면에서 신앙적으로 사고하고 판단하게 된다. 인간적인 관점이나 교회의 전통적인 시각으로 바라보지 않으므로 오늘의 문제를 성경적으로 판단하고 해결할 수 있다. 사도 바울은 로마 교회 성도들에게 이 세대를 본받지 말고 마음을 새롭게 함으로 변화를 받아 하나님의 선하시고 기뻐하시고 온전하신 뜻이 무엇인지 분별하라고 권면했다(롬 12:2). 이는 세상의 가치관을 대변하는 육신의 정욕과 안목의 정욕, 이생의 자랑을 따라 살지 말고(요일 2:16) 성경적 가치관을 따라 살라는 권고이다.

큐티는 성경적으로 판단하고 선택하고 결정하여 주님의 뜻에 합당하게 살게 해주는 영성의 도구이다. 그런데 신앙적 사고는 지속적인 말씀 훈련을 통해서만 형성될 수 있다. 평소 사소한 일에서부터 성경에 근거하여 판단하고 행동하다 보면 큰일 앞에서도 인간적으로 판단하지 않고 성경적으로 판단하게 된다. 큐티는 무엇이 사람의 생각이고 하나님의 뜻인지 분별하도록 훈련시킨다.

예수님은 당신을 이 땅에 보내신 하나님 아버지의 뜻을 존중하셨다. 아버지가 보여 주신 대로 행하셨다. 아버지께서 하시는 일을 그대로 하셨다(요 5:19). 주님은 당신을 이 땅에 보내신 아버지의 뜻을 감당하는 것을 최고의 기쁨으로 여기셨다(요 5:30). 한마디로 예수님은 하나님 아버지 중심으로 사고하고 행하셨다. 이것이 제자의 삶이다. 제자는 예수님을 본받아 그분을 따라 사는 자들이다. 그러므로 제자는 예수님 중심으로 생각하고 판단하고 결정한다. 제자는 어떤 일을 선택하고 결정하기 전에 '예수님이라면 어떻게 하셨을까?'를 자문하는 것이 습관이 되어 있다. 이것이 곧 신앙적으로 사고하는 것이며 제자로서 사는 것이다. 큐티는 신앙적으로 사고하고 제자로서 살게 해주는 영성의 도구로서 일대일 제자양육과 행보를 같이한다.

그리스도의 다스림 안에서 살도록 한다

큐티는 기본적으로 묵상과 적용으로 구성되어 있다. 하나님은 개인은 물론 가정과 교회와 사회에 대하여 많은 관심을 가지고 계신다. 하나님은 항상 우리의 생각이나 기대를 넘어서 일하시는 분이다. 묵상은 말씀 속에 담긴 하나님의 뜻과 계획, 생각과 마음을 알게 해준다. 말씀을 깊이 묵상한다는 것은 우리의 영혼이 하나님과 교통하는 것이다. 말씀을 기뻐하고 사랑하게 되면 자연스럽게 하나님을 기뻐하며 사랑하게 된다.

묵상을 적용한다는 것은 묵상을 통해 하나님의 뜻과 계획을 알고 난 다음 내 뜻과 계획을 그 아래에 내려놓는 것을 말한다. 내 목적과 방법을 내려놓고 그분의 목적과 방법을 따르는 것이다. 말씀대로 순종하는 것이 적용이다. 큐티하는 사람은 성경이 중심이 되는 삶을 살므로 개인은 물론 가정과 교회 안과 밖에서 발생하는 다양한 문제들을 성경에 근거해 순종하며 해결한다. 큐티를 하는 것은 성경의 가르침을 따라서 생활하는 것이다. 한편, 말씀을 묵상하고 묵상한 말씀대로 사는 것은 삶의 주권을 성령님께 드리는 것이다. 그리고 말씀대로 순종하는 것이 성령을 따라 사는 것이다. 이렇게 살면 자신이 삶을 주관하지 않고 성령님께서 삶을 주관하시게 된다.

사울왕은 초지일관 '내 인생은 나의 것'이라는 생각으로 살았다. 삶의 주도권을 자신이 가졌다. 입으로는 하나님을 믿는다고 하면서 하나님께서 그의 삶에 개입하실 기회를 주지 않았다. 결국 그 인생은 비극으로 끝났다. 반면에 다윗은 삶의 주도권을 하나님께 드리면서 살았다. 이것은 자신을 괴롭힌 사울왕을 대하는 그의 태도에서 그가 절대로 자신의 뜻대로, 자신의 마음대로 행하는 사람이 아니었음을 확인할 수 있다.

다윗은 "주의 말씀은 내 발의 등이요 내 길에 빛"이라고 했다(시 119:105). 다윗은 아침마다 하나님의 말씀을 묵상하면서 하루하루의 삶을 인도받았다(시 143:8). 그리고 아침마다 기도하고 하나님의 응답을 기다리면서 하루하루를 살았다(시 5:3). 그는 매일 말씀을 묵상했고 묵상을 통해서 주시는 하나님의 음성을 듣고 그분의 뜻에 따라 선택하고 결정했다. 그의 삶을 주도하시는 분은 바로 하나님이셨다.

큐티는 삶의 중심을 하나님께 두고 살도록 해준다. 자신이 삶을 주관하지 않고 하나님께서 주관하시게 해준다. 일대일 제자양육은 그리스도가 다스리시는 삶을 배우는 훈련 과정이다. 왜냐하면 제자는 그리스도의 다스림을 받으면서 사는 자들이기 때문이다. 자신이 주인 노릇을 하여 주님께서 주장하실 일이 없거나 세상의 걱정과 염려와 욕심 때문에 주님께서 거하실 공간이 없다면, 우리 안에 계신 성령님이 제한을 받으실 뿐만 아니라 믿음의 역사는 결코 일어나지 않는다. 그래서 일대일 제자양육이 궁극적으로 추구하는 것은 그리스도가 다스리시는 삶을 배우는 것이다.

이것은 일대일 제자양육을 처음 시작할 때 양육자가 동반자에게 그려서 설명해 주는 키 그림에 잘 표현되어 있다. 키 그림의 중심에는 예수 그리스도가 자리하고 계신다. 이것은 예수 그리스도께서 신앙과 삶의 중심이 되신다는 것을 의미한다. 그리고 키 그림 가장 자리에는 그리스도가 다스리시는 삶이 기록되어 있다. 이것은 예수 그리스도가 신앙과 삶의 중심이 될 때 나타나는 결과이다. 그리스도가 다스리는 삶이란 그분의 뜻을 알고 매사에 그분의 뜻에 순종할 때 가능하다. 말씀대로의 순종이 그리스도가 나를 다스리게 하시는 방법이다.

성도가 삶의 현장 인 가정과 일터에서 하나님 말씀대로 살게 되면 그리스도의 통치가 이루어진다. 그 결과 하나님 나라가 확장될 뿐 아니라 그 영성이 사회로 흘러 들어가 세상을 변화시키는 선한 영향력이 된다. 예수님의 제자들이 그랬듯이 그리고 그들에 의해 세워진 예루살렘 교회의 성도들이 그랬듯이, 제자로 훈련받은 사람은 예수 그리스도가 그들 삶의 주인이 되신다. 개인 생활, 자녀 양육, 교회 생활, 직장 생활 등 삶의 모든 영역에서 예수 그리스도가 주인이 되신다. 이것이 진정한 예수님의 제자가 사는 모습이다.

치유와 회복을 경험한다

사람은 성장 과정에서 부모로부터 조건 없는 사랑과 인정을 받아야 열등감이 아닌 자존감을 형성할 수 있다. 자신은 사랑받기에 충분한 사람이라는 자존감이 형성되면 자신은 물론 타인과도 건강한 관계를 유지할 수 있다. 자존감이 없으면 모든 관계에서 어려움을 겪게 된다. 우리가 겪는 모든 문제의 근원에는 대개 미성숙한 부모나 불안전한 환경으로 인해 형성된 열등감이 자리하고 있다. 그런데 자존감이나 열등감은 우리 삶에 지대한 영향을 미친다.

하나님은 당신의 형상을 따라 창조된 우리에게 관심이 많으시다. 그분은 우리 인생에 대한 놀라운 계획을 갖고 계시며 매 순간 말씀을 통해 우리를 인도하신다. 성경 말씀 안에는 이 같은 하나님의 마음과 계획이 담겨 있다.

큐티하는 사람은 말씀 묵상을 통해 자신을 향하신 하나님의 마음과 계획을 알 수 있다. 미성숙한 부모나 불안전한 환경으로 인해 정체성이 왜곡되어 있다는 사실을 하나님 안에서 발견할 수 있다. 사람이 바라보는 내가 아니라 하나님이 바라보시는 내가 진짜 자신임을 알게 된다. 그러므로 하나님의 말씀 안에서 나의 정체성을 바로 세울 때 회복과 치유의 길이 열린다. 인간관계에서 생긴 상처는 하나님과의 관계에서 회복할 수 있다. 따라서 말씀을 묵상하다가 경험하는 치유와 회복은 큐티가 주는 최고의 선물 중 하나이다.

큐티가 인간관계로 인한 상처를 하나님과의 관계에서 회복하게 해준다면, 일대일 제자양육은 사람과의 관계에서 회복을 경험하도록 한다. 큐티가 사람에게 받은 상처를 말씀을 통해 회복시켜 준다면, 일대일 제자양육은 사람을 통해 회복시켜 준다. 상처와 영적 성장은 분리되는 것이 아니다. 상처가 회복되어야 영적 성장이 이루어질 수 있기 때문이다.

16주 동안 진행되는 동반자 과정은 말씀만 나누는 것이 아니라 삶을 나눈다. 부부관계든 가족이든 절친이든 그렇게 다양한 이야기를 그렇게 오랜 시간 나누기는 쉽지 않다. 우리는 하고 싶은 말은 많지만 다하지 못하고 산다. 마음에 담아 둔 채 일상을 살기 바쁘다. 일대일 제자양육은 그렇게 덮어 두기 바빴던 우리의 내면을 드러내 말씀으로 조명함으로써 회복에 이르게 한다. 우리 안에 계신 성령님이 그 일을 하신다.

> 여호와의 율법은 완전하여 영혼을 소성시키며 여호와의 증거는 확실하여 우둔한 자를 지혜롭게 하며 여호와의 교훈은 정직하여 마음을 기쁘게 하고 여호와의 계명은 순결하여 눈을 밝게 하시도다 시 19:7-8

하나님의 말씀은 치유의 능력이 있다. 실제로 동반자 과정을 마친 사람들에게서 그런 고백이 쏟아지고 있다. 자존감이 회복되고 인간관계가 회복되며 내적 치유를 경험하고 영적 회복을 경험한다.

큐티와 일대일 제자양육은 십자가 정신을 회복시키는 제자훈련이라고 생각한다. 예수님을 통해서 수직적으로는 하나님과의 관계 회복이, 수평적으로는 사람과의 관계 회복이 이루어지는 것이다. 거기에서부터 하나님 사랑과 이웃 사랑이 실천된다.

영적으로 성숙해진다

큐티는 개인이 하나님과의 인격적인 교제를 통해 영적으로 성장하게 하는 영성 도구다. 개인의 영적 성장은 곧 교회 공동체의 영적 성장으로 이어진다. 따라서 교회 공동체 안에 큐티를 나눌 수 있는 소그룹이나 나눔 방이 있으면 개인은 물론 공동체가 영적으로 성장하게 된다. 큐티한 내용을 서로 나눌 때 서로에게 도전이 될뿐더러 통찰력을 제공하고 한편으로는 묵상한 내용을 점검할 수도 있다. 또한 큐티는 교회 안에서 발생할 수 있는 다양한 문제에 대해 성경적으로 성찰하고 성경적인 선택과 결정을 하도록 이끈다.

개인과 가정, 교회와 사회에서 끊임없이 갈등과 다툼이 일어나는 것은 성경적인 판단과 선택이 부재하기 때문이다. 교회 공동체 구성원들이 신앙적으로 사고하는 훈련이 부족하기 때문이다. 큐티를 통해 구성원이 성경적으로 사고하는 훈련이 되면 교회 공동체는 자연스럽게 성숙해진다. 그리스도의 몸 된 교회를 위해 연합하는 구성원들에 의해 그 공동체는 건강해진다.

일대일 제자양육의 목적 중 하나가 바로 성숙한 교인이 될 수 있도록 훈련하는 것이다. 교회를 위한 열심은 충만한데 교회 섬김을 잘하지 못하는 사람이 있다. 이것은 열심과 열정에 자기 의가 담겨 있기 때문이다. 주님을 위한 섬김으로 시작해서 자신을 위한 섬김으로 마무리하는 사람이 종종 있는데 이들로 인해 공동체는 몸살을 앓게 된다. 입으로는 하나님의 영광을 말하지만 속으로는 자기 영광을 구하는 사람들이다. 사도 바울은 로마 교회의 성도들에게 하나님께 열심이 있으나 자기 의를 세우는 사람을 조심하라고 경고했다(롬 10:2-3).

제자는 자신이 그리스도의 몸인 교회를 온전케 하기 위해 부름받은 일꾼이라는 분명한 정체성을 가지고 교회를 섬긴다. 제자는 교회가 세상 사람들에게는 구원의 방주이며 교인에게는 신앙생활의 중심이라는 분명한 교회관을 가지고 교회를 섬긴다. 제자는 하나님의 영광과 교회의 연합을 먼저 생각한다.

신앙이 훈련을 통해 성숙해지듯 교회 생활도 훈련을 받아야 성숙해질 수 있다. 일대일 제자양육은 교회가 어떤 곳인지, 교인의 의무는 무엇인지, 교회 생활은 어떻게 해야 하는지를 가르치고 훈련한다. 개인의 영적 성장이 교회 공동체의 성장으로 이어지게 만드는 것이다.

예수님의 제자로 살아가도록 이끈다

큐티는 자신이 속해 있는 사회를 복음으로 새롭게 변화되어야 할 선교지로 간주한다. 따라서 큐티하는 사람은 개인적으로는 말씀에 순종하는 생활을 추구하면서 가정과 직장과 사회를 하나님의 말씀을 적용해야 할 장소로 삼는다. 교회 안에서는 부르심을 받은 자로서 헌신하고, 교회 밖에서는 신앙을 실천하려고 노력한다. "이같이 너희 빛이 사람 앞에 비치게 하여 그들로 너희 착한 행실을 보고 하늘에 계신 너희 아버지께 영광을 돌리게 하라"(마 5:16) 하신 예수님의 말씀을 생활 현장에서 실천하려고 노력하는 것이다.

하나님의 사랑을 경험하고 또한 하나님을 사랑하는 사람은 자연스럽게 이웃을 사랑하게 된다. 하나님의 사랑은 사람을 통해서 흘러가기 때문이다. 하나님의 은혜도 마찬가지이다. 하나님의 은혜는 그 은혜를 입은 사람들에 의해 타인에게 흘러간다.

말씀을 묵상하는 사람들은 하나님의 관심을 자신의 관심으로 품고 하나님의 생각을 자신의 생각으로 품는다. 그러므로 하나님이 관심을 두시는 어려운 사람들, 사회적인 약자들, 병든 자들에게 관심을 가지고 하나님께 받은 사랑을 흘려보낸다. 이렇듯 큐티하는 사람은 말씀을 생활 현장에서 적용하므로 사회에 참여하게 되고 하나님 나라가 확장되는 일에 기여하게 된다. 큐티는 성경 말씀과 현실의 삶을 연결해 주어 언제나 복음이 생동하게 만든다.

일대일 제자양육은 세상 속에서 건강한 신앙인으로 살도록 훈련한다. 사도 바울이 에베소 교회 성도들에게 권면한 "너희가 전에는 어둠이더니 이제는 주 안에서 빛이라 빛의 자녀들처럼 행하라"(엡 5:8)는 말씀을 실천하는 제자가 되도록 훈련한다. 신앙생활은 교회 안에서도 잘해야 하지만 교회 밖에서는 더 잘해야 한다. 신앙인은 어느 곳에 있든지 어떤 일을 하든지 또 어떤 위치에 있든지 예수님의 제자답게 살아야 한다. 예수님의 제자로서 마땅히 취해야 할 태도와 가치관을 가지고 살아야 한다. 그래야만 어두운 세상을 비출 수 있다. 세상 풍습과 방법을 따르는 신앙인은 빛을 잃은 전구와 같아서 하나님에게도 사람에게도 쓰임 받지 못할 것이다.

일대일 제자양육은 성경적인 삶의 방법 즉 자기 중심에서 하나님 중심으로, 이기적인 삶에서 이타적인 삶으로, 자기 뜻 대신 하나님의 뜻을 따르는 삶을 훈련하는 과정이다. 그러므로 제자의 삶은 곧 사회 참여로 나타날 수밖에 없다. 예루살렘 교회 성도나 안디옥 교회 성도들은 제자로 살았기 때문에 그들의 영향력이 교회에서 가정으로, 가정에서 사회로 확장될 수 있었다. 예수님의 참 제자가 있는 가정과 직장, 사회는 반드시 그들의 선한 영향력 때문에 변화되고 성장하게 되어 있다.

CHAPTER 5

어린이 일대일 제자양육과 자녀교육

지난 40년 동안 온누리교회는 모든 성도가 예수님의 제자로 살아가도록 훈련해 왔다. 성도들은 제자훈련을 통해서 영적 성장을 경험하였으며, 그 결과 제자로 살고 있는 성도들에 의해 교회는 물론 가정과 직장 생활에 많은 변화가 일어나고 있다. 이것은 마치 예루살렘 교회 성도들의 영성이 교회에서 가정으로 가정에서 사회로 흘러가 구원받는 자의 수가 날마다 더해지는 역사가 일어난 것에 비할 만하다. 양육자가 동반자를 양육하는 일대일 훈련은 성경 중심의 신앙을 전승하는 역할을 하고 있다. 이 훈련은 주님이 이 땅에 다시 오실 때까지 지속되어야 하는 사명이라고 생각한다.

한편, 어린이 일대일 제자양육에 눈을 뜨게 된 것은 훈련의 주체가 되시는 성령님이 주신 지혜라고 생각한다. 교회에서는 먼저 등록한 교인이 훈련을 받고 양육자가 되어 나중에 등록하는 교인을 제자로 삼는다면, 가정에서는 부모가 자녀를 제자로 삼아야 한다. 그리하여 신앙이 한 세대에서 다른 세대로 (Generation to Generation) 이어져야 한다. 타국에 선교사를 파송하던 서구 교회가 정작 자신들의 다음 세대에는 복음을 전하지 못하는 우를 범한 것을 타산지석으로 삼아야 한다. 우리의 자녀들이 어린 시절부터 예수님의 제자로 훈련을 받아 세상에 선한 영향력을 끼치는 제자로 자라게 해야 할 것이다.

1. 제자훈련이 필요한 크리스천 가정의 자녀들

오늘날 크리스천 가정의 자녀들이 처한 시대적 상황을 보면 제자훈련의 필요성을 강하게 느낄 수밖에 없다. 크리스천 가정의 자녀들이 제자훈련을 받아야 하는 이유는 다음과 같다.

첫째, 학교에서 창조신앙을 거부하는 과학 이론을 가르치기 때문이다. 인간은 하나님의 형상을 따라 지음 받은 존재가 아니라 진화된 존재라고 가르치고 있는 것이다.

둘째, 이로 인해 정체성의 혼란을 겪고 있는 자녀들이 많기 때문이다. '나는 누구인가?'라는 질문에 "잘 모르겠다"고 대답하는 자녀들이 많다고 한다. 이것은 하나님 안에서 정체성을 발견하지 못했기 때문일 것이다. 많은 자녀가 삶의 이유와 목적을 알지 못해서 방황하는 것은 정체성과 관련이 있다고 생각한다.

셋째, 성경적인 가치관을 따라 살지 않고 세속적인 가치관을 따라 살도록 가르치기 때문이다. 세속적 가치관이란 잡을 수 없는 무지개를 좇는 허망한 삶이 되게 할 뿐이다.

넷째, 하나님 중심의 세계관이 아닌 인간 중심의 세계관에 익숙해질 수밖에 없는 환경 때문이다. 그 결과 많은 자녀가 무너질 바벨탑을 쌓으면서 인생을 살도록 미혹되고 있다.

다섯째, 자녀들이 처한 환경이 너무 위험하기 때문이다. 부모들이 모르는 자녀들의 세계는 언제 터져도 이상하지 않을 만큼 위험성을 내포하고 있다. 어린이 일대일 제자양육을 마친 어느 엄마는 직업적으로 아이들이 게임과 스마트폰 그리고 도박중독에 쉽게 빠질 뿐만 아니라 동성애를 쉽게 접하는 환경에서 생활하는 모습을 보면서 위기의식이 강하게 느껴져 양육을 할 수밖에 없었다고 간증하였다.

극단적 페미니즘은 한 술 더 뜨고 있다. 그들은 여자만 아이를 낳는 것은 불공평하다면서 결혼과 출산을 거부한다. 이러한 주장은 생육하고 번성하라는 하나님의 명령을 대놓고 거부하는 불신앙적 행위일 뿐이다. 또한 이성 간의 교제를 혐오하고 동성 간의 교제를 권장하면서 성소수자들도 존중받아야 한다고 주장한다. 그리고 동성 결혼 합법화를 계속 시도하고 있다.

이 같은 젠더 이데올로기는 청소년들의 성정체성 혼란을 가중시키고 있다. 그들은 생물학적 성을 거부하고 자신이 원하는 성을 선택할 수 있다고 미혹하며 창조 질서를 무너뜨리고 있다.

오늘 우리 자녀들이 처한 시대적 상황과 교육 현장은 하나님도 부정하고 진리인 성경도 부정하고 있다. 우리 자녀들은 불신 사상과 불신 문화에 욱여싸여 살고 있는 형편이다. 신앙과 삶의 뿌리를 하나님 안에서 확실하게 내리지 않으면 세상의 속임수에 넘어가고 말 것이다. 사도 바울은 골로새 교회의 성도들이 직면한 사회적 상황을 직시하고 다음과 같이 권면했다.

> 그 안에 뿌리를 박으며 세움을 받아 교훈을 받은 대로 믿음에 굳게 서서 감사함을 넘치게 하라 누가 철학과 헛된 속임수로 너희를 사로잡을까 주의하라 이것은 사람의 전통과 세상의 초등학문을 따름이요 그리스도를 따름이 아니니라 **골 2:7-8**

모든 그리스도인은 이 권면에 주목할 필요가 있다. 시대를 초월해서 반성경적, 반기독교적 사회 현상은 항상 있어 왔다. 이미 포괄적 차별금지법을 통과시킨 유럽과 북미에서 예상치 못한 부작용이 나타나고 있다. 그들 나라에서는 길거리에서 복음을 전해서도 안 되고 낙태와 동성애를 반대하는 침묵시위도 불법에 해당한다. 화장실이나 탈의실에서 남녀를 구분해 놓는 것도 불법이다. 남자가 자신을 여성이라고 주장하면 여탕이나 여자 교도소로 들어가는 것을 막을 방법이 없다고 한다. 심지어는 부모가 자녀의 생물학적 성을 강조해도 아동학대로 간주한다. 이 같은 반성경적 반기독교적 현상이 우리 사회에도 침투하려고 호시탐탐 노리고 있다.

한편, 고등부를 졸업하고 대학 진학을 한 청년들이 교회를 떠나는 현상은 교회마다 겪고 있는 공통적인 문제이다. 이것은 그들이 대학 사회에 만연한 반성경적 사상과 문화를 이기지 못한 까닭이라고 여겨진다. 부모 세대는 자녀가 이렇게 세속에 포섭되는 현상을 방관만 해서는 안 될 것이다. 믿음의 가정이라도 자녀가 말씀 중심의 신앙인으로 훈련되지 못하면 반성경적 공격에서 버텨 내지 못한다. 그러므로 우리 자녀들을 어려서부터 말씀과 신앙으로 무장시켜야 한다. 사상과 학문과 문화의 탈을 쓴 사탄의 속임수에 넘어가지 않도록 말씀으로 무장시켜야 한다.

《한국 교회 진단 리포트》(두란노서원, 2025, 110쪽)에 의하면, 청소년들이 중고등부 예배를 드리는 것만으로는 그리스도인의 정체성을 확립하고 일상에서 성경 말씀을 실천하며 살기는 어렵다고 진단하였다. 그렇다면 어떻게 해야 하는가? 우리 자녀들이 주 안에서 온전히 신앙의 뿌리를 내리려면 가정에서부터 훈련을 받아야만 한다.

2. 우리가 상속할 것은 오로지 신앙

신앙은 자녀들에게 반드시 상속되어야 할 유산이다. 진정으로 자녀를 사랑하는 부모라면 그들에게 평생 하나님을 경외하면서 살 수 있는 신앙을 유산으로 물려주어야 한다. 내 사랑하는 자녀들이 하나님과 상관없이 인생을 살아갈 것을 상상해 보라. 그들의 인생이 불행해질 것은 불 보듯 뻔한 일이다. 성경 속 탕자가 바로 그런 인물이다. 아버지로부터 유산을 미리 받아 집을 나갔다가 재산을 탕진하고 결국 돼지가 먹는 쥐엄 열매를 먹으면서 구걸하는 신세가 된 탕자 말이다. 이스라엘 백성이 이집트에서 노예 신분으로 고통스럽게 사는 모습을 보면 죄의 노예로 산다는 것이 얼마나 고통스러운 일인지를 알 수 있다. 하나님과 상관없는 인생을 산다는 것은 불 한가운데를 지나가는 것과 같고 바다 한가운데서 조각배를 타고 노를 젓는 것과 같다.

하나님은 이스라엘 백성이 가나안 땅에 들어가기 전에 자녀들에게 철저하게 신앙교육을 할 것을 강조하셨다. 이를 위해 먼저 부모가 하나님의 말씀을 마음에 새기고 그것을 자녀에게 가르치되 일상에서 신앙을 가르치라고 강조하셨다.

> 오늘 내가 네게 명하는 이 말씀을 너는 마음에 새기고 네 자녀에게 부지런히 가르치며 집에 앉았을 때에든지 길을 갈 때에든지 누워 있을 때에든지 일어날 때에든지 이 말씀을 강론할 것이며 **신 6:6-7**

한마디로 신앙을 유산으로 물려주라는 것이다. 만약 자녀가 신앙을 유산으로 물려받지 못한다면 억만장자가 된들 무슨 소용이 있겠는가?

한편, 오늘날 한국 크리스천 가정의 현실은 너무나 안타깝다. 신앙교육은 입시 교육 다음으로 항상 밀려나고 있다. 좋은 스펙을 쌓기 위해 고군분투하느라 신앙교육은 뒷전이 되고 있다. 이런 상황이 지속된다면 우리 자녀들은 세상의 노예가 되기가 쉽다. 그러므로 부모들은 이러한 상황에 대하여 사도 바울을 통해서 주신 하나님의 말씀에 주목할 필요가 있다.

> 또 아비들아 너희 자녀를 노엽게 하지 말고 오직 주의 교훈과 훈계로 양육하라 엡 6:4

이와 같은 상황에서 어린이 일대일 제자양육은 하나님께서 온누리교회를 통해서 한국 교회에 주신 너무나 소중한 선물이라고 생각한다. 어린이 일대일 제자양육이야말로 부모가 자녀에게 신앙을 유산으로 물려줄 수 있는 영적 도구이기 때문이다. 시편 78편에서 아삽은 어린이 일대일 제자양육의 원리를 매우 잘 언급하고 있으며, 우리는 그의 시에서 어린이 일대일 제자양육의 가치를 알 수 있다. 크리스천 부모가 자녀들에게 물려주어야 할 3가지 신앙 유산은 다음과 같다. 이 영적 유산은 선택이 아니라 의무라는 사실을 부모들은 기억해야 할 것이다.

하나님과 하나님이 하신 일을 전해야 한다

가장 먼저 아삽은 하나님과 하나님께서 행하신 놀라운 일들을 자녀에게 전해 주라고 했다.

> 우리가 이를 그들의 자손에게 숨기지 아니하고 여호와의 영예와 그의 능력과 그가 행하신 기이한 사적을 후대에 전하리로다 **시 78:4**

하나님은 어떤 분인가? 하나님은 어떤 일을 행하셨는가? 이 질문에 대답하는 것이 신앙이다. 유대인들은 이 질문을 통해 자녀를 교육했다. 이 같은 신앙교육으로 말미암아 유대인은 수천 년이 지나도 하나님 중심의 신앙을 유지하고 있다.

어린이 일대일 제자양육은 여호와 하나님을 경외하고 그분만 의지하며 살아가게 하는 신앙교육 방법이다. 엄마 아빠의 결혼 전 삶에서 하나님이 행하신 일, 결혼 과정에서 하나님이 하신 일, 자녀를 낳고 기를 때 하나님이 행하신 놀라운 일 등을 나눌 때, 동반자인 자녀들은 자연스럽게 하나님을 알게 되고 그분을 믿는 믿음을 갖게 되며 그분께 전 존재를 맡길 수 있게 된다. 엄마 아빠의 삶의 중심이 되신 하나님을 내 삶의 중심으로 받아들이게 된다.

하나님과 하나님이 하신 일을 자녀들과 나누는 것은 아삽이 강조한 대로 대를 이어서 신앙을 전수하는 성경적인 삶인 것이다. 이와 같이 어린이 일대일 제자양육은 신앙을 전수하는 가장 효과적인 신앙교육이다.

하나님의 말씀을 전해야 한다

두 번째로 아삽은 자녀들에게 하나님의 말씀을 올바로 가르치라고 했다.

> 여호와께서 증거를 야곱에게 세우시며 법도를 이스라엘에게 정하시고 우리 조상들에게 명령하사 그들의 자손에게 알리라 하셨으니 이는 그들로 후대 곧 태어날 자손에게 이를 알게 하고 그들은 일어나 그들의 자손에게 일러서 시 78:5-6

자녀에게 하나님의 말씀을 가르치는 일은 하나님과 하나님이 하신 일을 전해주는 것만큼이나 중요하다. 처음에 성경 말씀은 암송을 통해서 입에서 입으로 전해졌다. 이후 문자로 기록되면서 오늘날 우리에게까지 성경이 전해졌다.

엄밀히 말해서 신앙 전수의 핵심은 성경 말씀이다. 하나님의 말씀인 성경을 가르치는 것이 곧 신앙을 유산으로 물려주는 일이다. 어린이 일대일 제자양육은 하나님의 말씀을 체계적으로 가르칠 뿐 아니라 암송을 통해 말씀을 생명의 양식으로 삼게 한다. 특히 성경 암송은 노래로 만들어 가사를 흥얼거리면서 외우도록 했다. 동반자인 자녀들은 말씀 안에서 신앙이 체계화되어 영적으로 성장하기 위한 바탕을 마련하게 된다.

이렇게 훈련받은 자녀들은 성경적인 가치관과 세계관을 가지고 평생 하나님의 자녀로 살아가게 될 것이다. 그리고 평생 하나님을 예배하며 삶의 목적을 하나님과 그분의 사랑을 베푸는 일에 두고 살 것이다. 이처럼 어린이 일대일 제자양육은 자녀에게 하나님의 말씀을 유산으로 물려주는 최고의 방법 중 하나라는 사실은 의심의 여지가 없다고 생각한다.

신앙인의 삶을 전해야 한다

세 번째로 아삽은 신앙인이 사는 법을 가르치라고 했다.

> 그러면 그들이 하나님을 의지하고 그분이 하신 일들을 잊지 않으며 오직 그 계명을 지킬 것이고 그 조상들처럼 고집 세고 반항적인 세대가 되지 않을 것이다 그들의 마음은 하나님께 바르지 못했고 영으로도 하나님께 신실하지 못했다 시 78:6-8

아삽은 신앙인이 사는 방법은 하나님의 계명을 잘 지키는 것이라고 했다. 그는 자녀들이 하나님의 말씀을 잘 배우면 불신앙과 불순종으로 어긋났던 조상들의 전철을 밟지 않게 될 것이라고 했다. 그리고 하나님을 의지하며 살 뿐만 아니라 그분이 하신 놀라운 일들을 기억하므로 더욱 하나님의 말씀을 지키면서 살 것이라고 했다. 그러므로 부모가 자녀들에게 말씀을 올바로 가르치는 일은 아무리 강조해도 지나치지 않다.

하지만 그보다 더 중요한 것이 있다. 부모가 자녀에게 가르친 말씀대로 사는 것이다. 부모는 자녀의 거울이다. 그래서 부모의 신앙은 자녀에게 그대로 전수된다. 부모의 삶이 곧 신앙교육이 된다. 말씀대로 살지 않는 부모의 모습을 보고 교회를 떠나는 자녀가 많은 것은 자녀들이 부모에게 주는 일종의 경고라고 볼 수 있다.

일대일 제자양육 교재가 다른 양육 교재와 비교할 때 신앙과 삶의 균형을 갖추고 있다고 평가를 받는 것은 다 그만한 이유가 있다고 생각한다. 양육자인 부모는 양육 과정에서 자신이 삶에서 직면했던 다양한 상황들을 어떻게 성경 말씀대로 행하였는지를 설명하면서 가르칠 것이고, 자녀는 자연스럽게 부모로부터 신앙인이 사는 법을 보면서 배우게 될 것이다. 자녀들은 교회학교에서 신앙과 생활을 배우지만 동시에 가정에서도 부모에게 배워야 한다. 부모가 삶을 통해서 보여 주는 성경적 가치관과 하나님 중심의 세계관을 자녀들은 자연스럽게 배우게 된다. 부모가 생활 속에서 중요하게 여기는 것이 곧 자녀들의 가치관이 되는 법이다. 가정은 신앙을 배울 뿐만 아니라 신앙인이 사는 법을 배우는 훈련장이다.

3. 어린이 일대일 제자양육의 축복

크리스천 부모들은 대체로 가정에서 자녀들을 신앙으로 교육하는 방법을 몰라서 교회를 의존하는 경향이 있다. 크리스천 부모들의 자녀 신앙교육에 관한 설문 조사에서도 이 같은 사실을 확인할 수 있다('지앤컴리서치의 가정 신앙과 신앙교육에 관한 조사' 〈제주기독신문〉 2021년 5월 22일 기고). 설문에는 가정에서 자녀들을 신앙으로 교육하지 못하는 이유 몇 가지가 제시되어 있다.

첫째, 대부분의 크리스천 부모들은 자녀를 신앙으로 교육하는 방법을 교회에서 배워 본 경험이 없다. 자녀를 신앙으로 교육하려는 열정은 크지만 그 방법을 모르기 때문에 올바른 신앙교육을 못한다는 것이다.

둘째, 현대 사회에서 부모가 너무 바쁘기 때문에 가정에서 신앙교육 하는 것이 어렵다.

셋째, 부모의 신앙이 미성숙해서 자녀에게 신앙을 교육하기 어렵다.

자녀의 신앙교육은 가정에서 부모의 삶을 통해 가르치는 것이 가장 효과적이다. 유대인의 신앙교육이 이를 입증한다. 유대인들은 자녀의 신앙교육을 1차적으로 가정에서 한다. 자녀가 13세가 되면 성인식을 갖는데, 이때 자녀는 모세오경을 암송한다. 가정에서 철저한 신앙교육이 이뤄지지 않으면 모세오경을 암송하기는 어렵다. 또한 유대인들은 성경 중심으로 자녀를 양육한다. 성경을 암송하고 공부하는 과정에서 자녀들은 자연스럽게 성경 중심의 가치관, 하나님 중심의 세계관을 형성하게 된다. 그리고 가장 인상적인 양육 방법은 가족 간의 토론이다. 유대인 가정은 안식일이 시작되는 금요일 저녁 식사를 매우 중요하게 여긴다. 온 가족이 거의 의무적으로 함께 모여서 식사를 한다. 이때 식사만 하는 것이 아니라 다양한 토론을 한다. 가족 간의 토론을 통해서 하나님 중심의 세계관과 성경 중심의 가치관을 확실하게 세우는 일은 유대인 가정의 전통이다.

이러한 사실은 예수님의 어린 시절에서도 발견할 수 있다. 부모님과 함께 예루살렘 성전을 방문한 예수님은 선생들 가운데 앉아서 이야기를 듣기도 하고 묻기도 하셨다(눅 2:46). 한마디로 성경 토론을 하신 것이다. 어린 예수가 이렇게 할 수 있었던 것은 이미 가정에서 성경공부를 했기 때문일 것이다. 기본적으로 배운 성경 말씀이 없이는 듣기도 하고 묻기도 하는 성경 토론은 불가능하다. 이와 같이 스스로 암송하고 배운 하나님의 말씀을 삶으로 확장시키는 것은 신앙과 신앙인의 삶을 가르치는 효과적인 자녀양육 방법이 된다.

어린이 일대일 제자양육은 부모가 자녀에게 신앙과 신앙인의 삶을 유산으로 물려줄 수 있는 좋은 방법 중 하나가 될 것이라는 기대로 시작되었다. 앞에서 살펴본 것처럼, 어린이 일대일 제자양육은 신명기에서 부모들에게 명령한 말씀을 실천하는 방법이다. 또한 유대인들의 가정 중심, 성경 중심, 대화 중심의 교육을 실현할 수 있는 교육 방법이다. 그 이유는 이렇다.

첫째, 어린이 일대일 제자양육은 엄마 아빠 혹은 할머니 할아버지가 양육자이므로 가정 중심의 신앙교육이다.

둘째, 어린이 일대일 제자양육은 성인과 마찬가지로 성경에 근거해 신앙을 주제별로 공부하기 때문에 성경 중심의 양육이다.

셋째, 각 과에서 제시하는 질문에 부모와 자녀가 함께 답하므로 대화 중심의 양육이 된다.

부모와 자녀 사이에서 이루어지는 신앙적 대화는 신앙은 물론 신앙인의 삶을 전수하는 좋은 방법이 된다. 건강한 가족은 일상생활에서 대화를 많이 한다. 그런데 부모와 자녀가 신앙을 주제로 12주 동안 대화한다고 생각해 보라. 부모는 물론 자녀에게도 놀라운 성장이 일어날 것이다.

4. 어린이 일대일 제자양육의 열매

양육자인 부모와 동반자인 자녀들의 간증문을 통해 어린이 일대일 제자양육의 열매를 정리해 보았다.

어린이 일대일 제자양육은 부모들이 찾던 신앙교육이다

대부분의 크리스천 부모들은 자녀에게 신앙을 유산으로 물려주고 싶은 열망을 가지고 있다. 자녀가 예수님을 영접하고 평생 하나님과 동행하면서 살기를 간절히 원하는 부모는 가정에서 자녀에게 신앙을 교육할 수 있는 방법을 찾고 있다. 그런데 어린이 일대일 제자양육은 자녀들에게 신앙을 교육하기에 적합한 일종의 개인 과외 공부와 같은 것이다.

간증문에 의하면, 동반자인 자녀들은 양육자인 엄마나 아빠의 어린 시절에 하나님이 행하신 이야기를 들으면서 하나님에 대해 서서히 눈을 뜨기 시작했다고 한다. 부모와 함께하신 그 하나님이 자신과도 함께하실 것이라는 믿음이 생겼다고 한다. 또한 부모가 주일학교에서 경험한 이야기를 통해 교회 생활의 필요성과 중요성을 인식했다고 한다.

부모가 가정과 일터와 일상생활에서 경험한 하나님과 하나님이 하신 일을 자녀들과 나눌 때 자녀는 자연스럽게 신앙인으로 살아가는 것의 중요성을 깨닫게 된다. 부모가 양육자로서 자녀를 동반자로 삼아 일대일 제자양육을 하는 것은 신앙과 신앙인의 삶을 유산으로 물려주는 확실한 방법이라 할 수 있다.

어린이 일대일 제자양육은 성숙한 신앙의 틀을 제공한다

자녀들은 교재를 중심으로 공부하는 과정에서 막연히 알고 있었거나 혹은 잘 알지 못했던 하나님과 예수님 그리고 성령님을 분명하게 알게 된다. 더 나아가 하나님을 믿고 자신의 미래를 그분께 맡기는 결단을 하게 된다. 성경 말씀에 근거해서 하나님이 어떤 분인지 알게 된 자녀는 차츰 하나님 중심의 사고를 형성하게 된다. 그리고 이런 자녀들은 예수님을 인격적으로 영접하여 구원을 얻고 평생 하나님의 자녀로 살아가게 된다.

어린이 일대일 제자양육을 통해 자녀들은 성경을 암송하고 큐티를 하고 생활 속에서 기도하는 훈련을 하게 되는데, 이것은 자녀들이 훌륭한 크리스천으로 성장해 갈 수 있는 신앙의 틀을 형성시켜 주는 것이다. 또한 어린 자녀들이 궁금해하는 많은 신앙의 내용을 부모와 함께 토론으로 풀어 가다 보면 신앙이 자라고 성숙해 간다.

어떤 양육자는 과제로 제시된 세족식을 거행하면서 자녀에게 성령의 기름 부으심이 일어나는 것을 체험하기도 했다. 12주 양육 과정에서 성령님이 행하시는 놀라운 일을 양육자 부모와 동반자 자녀가 동시에 경험했다는 간증이 많다. 새일을 행하시는 성령님을 경험한 가정에선 신앙이 든든히 자랄 수밖에 없다.

어린이 일대일 제자양육은 가장 효과적인 자녀교육 방법이다

부모가 자녀와 자유롭게 대화를 나누는 것은 매우 훌륭한 자녀 양육 방법이다. 앞에서 살펴본 것처럼 이것이 유대인들의 밥상머리 양육법이다. 대화를 통해서 자녀들은 사고와 논리가 발달하게 되고 타인의 말에 경청하는 법을 배우게 된다. 대화는 자녀의 정서적 지적 성장에 꼭 필요한 영양소가 된다. 자신의 생각이나 의견을 자연스럽게 표현하는 자녀, 자녀들의 이야기를 경청해 주는 부모가 함께 사는 가정은 건강할 수밖에 없다.

간증문을 보면 자녀들은 아빠나 엄마와 단둘이 시간을 보내는 것을 매우 기뻐했다. 베이커리 카페 같은 데서 일대일 제자양육을 받는 어떤 자녀는 매주 그 시간이 기다려진다고 했다. 어떤 가정에서는 언니가 양육받는 것을 보고 동생이 간절히 자기 순서가 오기를 기다린다고 했다. 양육하면서 부모와 자녀 간에 친밀감이 더 깊어졌다는 고백도 있다. 많은 부모는 자녀가 양육을 받겠다고 허락한 것만으로도 은혜를 받았다고 했다. 그 은혜로 부모는 동반자인 자녀를 더욱 섬기는 자세로 양육에 임하게 된다. 때로 인내가 필요한 상황이 벌어지기도 하지만 그래도 최선을 다한다. 그런가 하면 동반자인 자녀들은 양육자인 부모가 사랑으로 자신을 대해 주는 것 때문에 자존감이 높아진다고 했다.

부모는 자녀와 대화를 나누면서 깜짝깜짝 놀랄 때가 많다. 자녀의 속마음을 듣고 부모는 자신의 부족함과 실수를 깨닫게 된다. 또한 부모의 입장이 아닌 자녀의 입장에서 자녀를 이해하게 된다. 그리고 각 과에서 제시하는 활동을 함께하면서 자녀와 눈높이를 맞추는 훈련을 하기도 한다. 이렇게 볼 때 어린이 일대일 제자양육은 자녀뿐 아니라 부모도 훈련받는 과정이다.

오늘날 우리 자녀들은 하나님 없는 세상을 만들려는 무신론과 하나님의 창조는 물론 진리의 말씀인 성경까지도 부인하는 반기독교 사상이 주도하는 세상에서 살아가고 있다. 우리의 자녀들이 이러한 사회적 상황에 흔들리지 않고 하나님의 자녀로서 당당하게 살아가려면 성경적 가치관과 하나님 중심의 세계관이 그 중심에 세워져야 한다. 일류만을 추구하는 세속주의와 어떡하든 더 잘살겠다는 물질주의에 빠지지 않으려면 예수님의 제자로 훈련받아야 한다. 하나님께 삶의 목적을 두고 거룩하게 살아가는 신앙인이 되는 훈련을 받아야 한다.

어린이 일대일 제자양육은 신앙과 삶에서 모범적인 부모가 되어 자녀에게 신앙을 유산으로 물려주기 위해 그리고 평생 사랑하면서 섬길 수 있는 은혜로운 교회를 유산으로 물려주기 위해 시작되었다. 부모는 하나님의 대리인이다. 하나님의 대리인은 자녀에게 하나님의 말씀을 가르치는 것이 의무이자 특권이다. GtoG(Generation to Generation)가 어린이 일대일 제자양육의 로고인 이유가 여기에 있다.

이상에서 살펴본 것처럼, 어린이 일대일 제자양육은 성경적인 신앙과 경건한 신앙인의 삶을 자녀들에게 유산으로 물려줄 수 있는 좋은 방법임에 틀림없다. 하나님께서 이사야 선지자를 통해 이스라엘 백성에게 주신 약속이 실현될 수 있는 영성 훈련이 곧 어린이 일대일 제자양육이다.

> 여호와께서 이르시되 내가 그들과 세운 나의 언약이 이러하니 곧 네 위에 있는 나의 영과 네 입에 둔 나의 말이 이제부터 영원하도록 네 입에서와 네 후손의 입에서와 네 후손의 후손의 입에서 떠나지 아니하리라 하시니라
> 사 59:21

양육자인 부모는 이 약속이 우리 자녀 세대에서도 실현되도록 기도하며 힘써야 할 것이다.